职业教育汽车类专业系列教材

汽车涂料调色技术

主　编　李家玉　王亚平
副主编　王东鹏　胡源卫

西安交通大学出版社
XI'AN JIAOTONG UNIVERSITY PRESS

内容简介

本书是国家职业教育新型工作手册式活页教材，围绕立德树人根本任务，深化"课程思政"建设，积极探索"岗课赛证"融合育人模式，在创新发展线上线下混合式教学模式的大背景下，由中高职院校教师联合企业专家编写而成。

本教材分为三篇，包含十一个项目，共有二十九项任务。教材采用一体化设计，以任务驱动为导向，强调"学中做、做中学"，涵盖面广且内容深度适宜，全面讲述了汽车修补行业颜色匹配的流程和核心技能。

本书主要供中高职院校汽车车身维修技术专业（汽车检测与维修专业）教学使用，也可作为调色技术的岗位培训教材或自学用书。

图书在版编目(CIP)数据

汽车涂料调色技术 / 李家玉,王亚平主编. —西安：西安交通大学出版社,2022.8
ISBN 978-7-5693-2732-8

Ⅰ.①汽⋯ Ⅱ.①李⋯ ②王⋯ Ⅲ.①汽车-喷涂-调色 Ⅳ.①U472.44

中国版本图书馆 CIP 数据核字(2022)第 141107 号

Qiche Tuliao Tiaose Jishu

书　　名	汽车涂料调色技术
策划编辑	曹　昳
责任编辑	张　欣
责任校对	李　文
装帧设计	伍　胜
出版发行	西安交通大学出版社 （西安市兴庆南路1号　邮政编码 710048）
网　　址	http://www.xjtupress.com
电　　话	（029）82668357　82667874（市场营销中心） （029）82668315（总编办）
传　　真	（029）82668280
印　　刷	西安五星印刷有限公司
开　　本	787 mm×1092 mm　1/16　印张 18　字数 381千字
版次印次	2022年8月第1版　2022年8月第1次印刷
书　　号	ISBN 978-7-5693-2732-8
定　　价	48.00元

如发现印装质量问题，请与本社市场营销中心联系。
订购热线：（029）82665248　（029）82667874
投稿热线：（029）82668502
读者信箱：phoe@qq.com

版权所有　侵权必究

前言

本书在编写过程中,认真总结了多所知名中高职院校的教学成果、参赛经验,同时借鉴发达国家先进的职教理念和方法。书中内容有以下特色:

探索"岗课赛证"融合育人模式。在国家教学标准和人才培养方案大框架的指导下,对接汽车车身涂装修复工和汽车调色工岗位工作内容,结合"1+X"证书认证评价考核内容和世界技能大赛汽车喷漆项目考核内容,按照岗位工作流程要点梳理形成了知识和技能逻辑体系,真正实现了企业、学校、竞赛、技能评价的紧密结合。

构建了全课程思政育人体系。深化"课程思政"建设,系统设计了岗位小贴士、动动脑、动动手、劳动佳句等栏目,有机融入思政元素,大力弘扬劳动精神、工匠精神,以实现润物细无声的育人效果。本教材始终坚持价值引领、能力培养和知识传授有机融合,专业课程和思政课程同向同行,激发协同育人效应。

体现任务驱动的课程教学理念。以汽车调色岗位的典型工作任务为驱动,确定理论与实践一体化的学习任务,按照工作过程组织学习过程。每个学习任务既有知识学习,又有技能操作,是工作要求、工作对象、工具、方法与劳动组织方式的有机整体。

创新新型工作手册式教材设计。本教材打破了传统教材的章节体例,以项目任务为一个相对完整的学习过程,每个项目任务的内容相互独立但又有内在的联系。结合活页教材特点,理论部分按照"任务目标—任务分析—知识引入—任务总结"架构编写;实训部分按照"实训描述—物料准备—实训实施—实训总结—实训任务书—评价反馈—习题巩固"的架构编写。在线资源二维码置于留白处,为线上线下混合教学提供支撑。书中全新设计了评价表,强化过程评价,探索增值评价,健全了综合评价体系。

本书由四川交通职业技术学院李家玉和陕西交通职业技术学院王亚平主编,重庆市江南职业学校王东鹏和广州市交通运输职业学校胡源卫为副主编。具体编写分工如下：项目一、项目三、项目四、项目十由李家玉编写,项目二、项目八由王亚平编写,项目六由陕西交通职业技术学院李占锋编写,项目五、项目九由王东鹏编写,项目七、项目十一由胡源卫编写。

本书由四川交通职业技术学院袁杰主审,在此表示衷心的感谢。特别感谢PPG工业集团庞贝捷漆油贸易(上海)有限公司相关人员提供的支持。

由于编者水平所限,书中难免存在一些不足之处,恳请使用者提出宝贵意见,以便更正。

编者

2022年4月

目录

第一篇　调色基础

项目一　认识光与色 ········· 3

任务一　色觉物理基础认知 ········· 4

任务二　认识光源及光色特性 ········· 10

任务三　色觉生理基础认知 ········· 17

任务四　认识颜色心理因素 ········· 22

实训　光的色散实验 ········· 30

项目二　颜色基本性质认知 ········· 41

任务一　认识颜色的分类 ········· 42

任务二　颜色三属性认知 ········· 48

任务三　认识三属性表示方法 ········· 56

任务四　认识颜色的命名 ········· 62

实训　颜色辨识实验 ········· 64

项目三　认识色光加色法 ········· 75

任务一　认识色光三原色 ········· 76

任务二　色光加色法认知 ········· 78

任务三　色光混合规律认知 ········· 83

实训　色光加色实验 ········· 87

项目四　色料减色法认知 ········· 99

任务一　认识色料三原色 ········· 99

任务二　色料减色法认知 ········· 104

任务三　色料混合规律认知 ········· 107

实训　色料减色实验 ········· 113

第二篇　涂料基础

项目五　认识涂料 ········· 125

任务一　认识涂料组成 ········· 125

任务二　涂料分类认知 ········· 128

任务三　涂料命名认知 ········· 130

实训　观察涂料组成 ········· 132

项目六　认识面漆 ········· 141

任务一　认识面漆分类 ········· 142

任务二　汽车面漆认知 ········· 143

实训　辨识面漆 ········· 147

项目七　认识涂料品牌 ········· 157

任务一　认识进口涂料品牌 ········· 157

任务二　认识国产涂料品牌 …… 164

　　实训　选择配套涂料 …………… 167

第三篇　调色实践

项目八　素色漆调色作业 ………… 179

　　任务一　认识素色漆 …………… 180

　　任务二　素色漆调色分析 ……… 181

　　实训　素色漆调色施工 ………… 184

项目九　银粉漆调色作业 ………… 199

　　任务一　认识银粉漆 …………… 200

　　任务二　银粉漆调色分析 ……… 207

　　实训　银粉漆调色施工 ………… 210

项目十　珍珠漆调色作业 ………… 227

　　任务一　认识珍珠漆 …………… 228

　　任务二　珍珠漆调色分析 ……… 234

　　实训　珍珠漆调色施工 ………… 236

项目十一　水性涂料调色作业 …… 255

　　任务一　认识水性涂料 ………… 256

　　任务二　水性涂料调色分析 …… 261

　　实训　水性涂料调色施工 ……… 264

参考文献 ……………………………… 278

附录　世界技能大赛汽车喷漆项目调色
　　　模块评分标准 ………………… 279

第一篇 调色基础

概　述

　　绚丽缤纷的大千世界里,色彩使宇宙万物显得生机勃勃。色彩作为一种最普遍的审美要素,存在于我们日常生活的各个方面。衣、食、住、行、用,色彩的应用无所不在。当器物拥有了色彩,时尚便从此诞生了。在汽车领域,同样也是如此。从1965年开始逐步进入色彩多元化时代后,车漆颜色就成为彰显汽车颜值和车主独特品位不可或缺的一部分。从单调的黑、白、灰、银,到绚烂的红、黄、蓝、绿,再到各种金属漆、珠光漆、渐变漆的加入,色彩越来越受到活力四射的年轻车主们的关注。

　　随着时代的发展,国内外汽车的品牌日益增多,而颜色更趋五彩缤纷,可见色彩与汽车联系十分密切。按色彩理论运用色彩,可以赋予汽车生动的艺术形象。本篇主要探讨调色的基础知识。

项目一 认识光与色

 概述

没有光就没有颜色,研究颜色变化就要先分析光与色的关系,认识光源的种类与物体成色的基本原理。

本项目主要学习:色觉物理基础认知、认识光源及光色特性、色觉生理基础认知、认识颜色心理因素、光的色散实验。

 目标

1. 知识目标

(1)能叙述光的本质;

(2)能叙述眼睛的结构和功能;

(3)能叙述常见颜色对人的心理影响。

2. 能力目标

(1)能运用色觉形成的三要素初步分析物体成色的基本原理;

(2)能根据生活现象分析光与色的关系;

(3)能绘制常见光源的相对光谱功率分布曲线;

(4)能用光源的色温和显色性评价光源质量;

(5)能独立完成色散实验。

3. 素质目标

(1)热爱祖国,崇尚劳动,培养对颜色内涵的正确认知;

(2)具备良好的沟通能力和表达能力;

(3)具有与他人密切合作和规范安全地完成学习活动的能力;

(4)培养不怕吃苦、不怕累、热爱劳动的精神。

任务一　色觉物理基础认知

任务目标

(1)能复述色觉三要素,分析成色原理,分析光与色的关系;
(2)能叙述光的本质;
(3)具备良好的沟通能力和表达能力。

任务分析

颜色定义 → 色觉三要素 → 光的本质 → 光的色散

知识引入

人类感知外部客观世界的器官有眼、耳、鼻、舌、皮肤,它们可分别形成人们的视觉、听觉、嗅觉、味觉和触觉。其中,人们通过眼睛获得的外界信息量最多。物质世界的光作用于视觉系统后所形成的感觉可以分为两类:一类是形象感觉;一类是颜色感觉。根据国家标准GB/T 5698—2001,颜色定义为"光作用于人眼引起除形象以外的视觉特性"。因此,颜色是光作用于人的视觉系统后所产生的一系列复杂生理和心理反应的综合效果。

颜色视觉简称为色觉,是视觉的重要组成部分,色觉又包括色感觉和色知觉两个方面。色感觉是指眼睛接受色光刺激后产生的颜色感觉,色知觉则是指人们对于有色物体的整体反映。色感觉总是存在于色知觉之中,很少有孤立的色感觉存在。所以,平时我们提到的色觉是建立在色感觉基础上的色知觉,二者合称为色觉。

色觉的形成有它的物理基础、生理基础和心理基础。

(一)色觉形成的三个要素

人类生活在绚丽多彩的世界里。在阳光下,我们能欣赏大自然中的红花、绿叶、蓝天、白云,能看到街上的行人身穿款式各异、五颜六色的服装,能浏览书店里陈列着的琳琅满目、各种各样的书画报刊。以上种种都是人类产生的色觉。但是在没有光的时候,我们就无法看到这些令人赏心悦目的颜色。另外,眼睛或大脑不健全的人也无法感知这些美丽的色彩。这说明,要产生色觉,必须具备三个要素:光、彩色物体、健全的视觉器官。图1-1是人的色觉产生的三要素关系图。

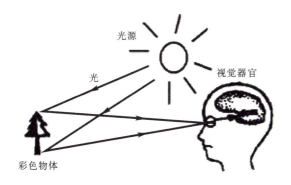

色觉三要素

图1-1 产生色觉三要素关系

光照射于彩色物体之上,经过物体对光的吸收、反射或透射之后作用于人的眼睛,再由眼睛中的视神经将信息传递给大脑,大脑得出关于颜色的判断,由此而产生色觉。在这个过程中,光是产生色觉的物理基础,也是产生色觉的第一要素。事实证明:只有在光的照射下,人们才能感知物体的形态和颜色,没有光就没有色,光是人们感知色彩的必要条件,色来源于光。简言之,光是色的源泉,色是光的表现。

彩色物体各自具有不同的表面结构,即不同的分子类型和不同的分子间结构,从而决定了它们不同的光学特性,可以对投射的光产生吸收、反射或透射等不同现象。这些特性也属于物理学范畴。所以,彩色物体也是产生色觉的物理基础。

视觉器官是由眼睛、视神经和大脑组成的结构总体。其中,眼睛被称为颜色感受器,大脑被称为感觉识别器,视神经则是眼睛和大脑之间的信息传递机构,三者的总和是产生色觉的生理基础。另外,人的大脑在得到了视神经传递的外界光刺激信息后,经过记忆、对比、分析与综合,最后完成对颜色的识别,这是一个复杂的生理和心理活动相结合的过程,所以,大脑同时还是产生色觉的心理基础。

综上所述,产生色觉需要的物理基础是光和彩色物体,生理基础是人的视觉器官,心理基础则是视觉器官中所包含的大脑。光、彩色物体和视觉器官三者缺一则无法产生色觉。

(二)可见光

我们平时所说的"光",是可见光的简称。可见光是指能够在人的视觉系统中引起明亮的颜色感觉的电磁波。光是色产生的源泉,所以我们有必要在正式研究颜色之前,先对光的本质做一番深入的了解。

1. 光的本质

光的本质究竟是什么?人类对于这个问题有一个长期曲折的认识过程。17世纪,以牛顿(英国,1643—1727)为代表的微粒说占主导地位,与牛顿同时代的惠更斯(荷兰,1629—1695)又提出了与微粒说对立的弹性波动说。19世纪,麦克斯

光的本质

韦(英国,1831—1879)突破旧的波动理论,建立了著名的电磁理论。20世纪初,爱因斯坦(美国/瑞士,1879—1955)提出了光量子学说。几百年中大量的实验结果和理论探索表明:光是十分复杂的物质,对于它的本质问题只能用它所表现的性质和规律来回答。现代科学认为:光在传播过程中表现为波动性,在与物质相互作用时则表现为粒子性。在不同条件下,光分别表现为波动和粒子的特性,称为"波粒二象性",这就是光的本质。

1)光的波动性

光是一种电磁波,以横波的形式在空气或其它介质中传播。横波是指振动方向同传播方向垂直的波,如图1-2所示。

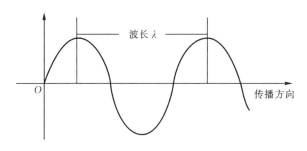

图1-2　光波的运动形式

光在真空中的传播速率约为299793 km/s,也就是我们平时所说的光速约为30万km/s。光在空气中的传播速率略小于上述数值。描述电磁波的常用物理量是波长λ和频率ν。

波长λ是指沿波的传播方向,两个相邻的波峰之间的距离,常用单位是米(m)。频率ν是单位时间内振动的次数,单位是赫兹(Hz),简称赫,亦可记为次/秒。光速c与波长、频率的关系为:$c=\lambda\nu$。

电磁波的范围很广,目前发现波长最长的是交流电波,$\lambda=10^8$ m。波长最短的是宇宙射线,$\lambda=10^{-14}$ m。可见光波在电磁波谱的中间部位,波长较短,通常采用纳米(nm)做单位:1 nm= 10^{-9} m。可见光的波长范围在380~780 nm,如图1-3所示。

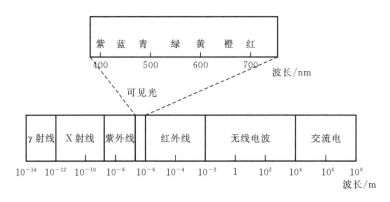

图1-3　电磁波谱及可见光谱

所有的电磁波其本质是相同的,区别在于它们的波长或频率不同,并由此引起现象上的不同。380～780 nm 的电磁波,能引起人们视觉上的响应,从而产生明亮的颜色感觉。

在可见光的波长范围之内,波长不同,使人产生不同的色觉:从 780 nm 到 380 nm,颜色的排列顺序依次是红(R)、橙(O)、黄(Y)、绿(G)、青(C)、蓝(B)、紫(P)。波长在 380 nm 以下的紫外光和 X 射线,无法被人眼所见,但它们能使感光材料感光。X 射线还具有较强的穿透能力,我们可以利用它来探查人体内脏是否有病变。波长在 780 nm 以上的红外光,人眼也无法看到,但它能被照相镜头聚焦,用来拍摄在雾气笼罩下或黑暗中人眼无法识别的景物。至于无线电波,如调频电视、调幅广播等,只能靠一些专门的接收仪器来接收,并转换为声能使人产生听觉。

光作为一种电磁波具有波动性,这只是它的一方面特性,仅用波动性则无法解释光与物质相互作用时的某些现象。例如,光照能给予物体热量;某些金属受到光的照射后有电子逸出,产生光电效应;曝光后的感光材料会发生光化学反应等。这些现象必须用光的量子性来加以解释。

2) 光的量子性

1905 年,为了解释光电效应现象,爱因斯坦提出了光的量子假说。他认为:光是以光速 c 运动的粒子流。这些粒子称为光量子,简称光子。每个光子都具有一定的能量,对于频率为 ν 的光,光子所具有的能量由下式计算:

$$E = h\nu$$

式中　E——一个光子的能量,焦耳(J);

　　　h——普朗克常数,$h = 6.626 \times 10^{-34}$ J·s;

　　　ν——光的频率,赫兹(Hz)。

对于一定频率的光,光子的数目越多,光的能量越大。光子的能量公式表明:不同频率的光子将具有不同的能量。

光量子的能量公式很明确地揭示了光的波动性和粒子性之间的内在联系。每个光子的能量 E 体现出光的粒子性;频率 ν 则体现了光的波动性,二者由普朗克常数 h 定量地联系在一起。这就意味着光子在具有粒子性质的同时,也具有波的性质。能量公式使我们对光的本质有了更全面、更深入的了解。

2. 光的色散

1) 色散与光谱

一切颜色都包含在光里,光是产生色的源泉。最早揭开这个谜底的是牛顿,1666 年他在英国剑桥大学实验室里,做了一个有名的实验——光的色散实验,如图 1-4 所示。

光的色散

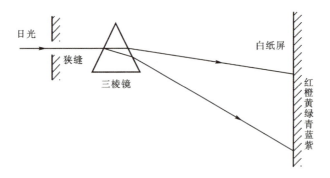

图 1-4 光的色散示意图

牛顿让日光通过窗上的一道狭缝引入暗室,这束光照射到三棱镜上之后,发生了折射。折射后的光在棱镜另一侧的白纸屏上形成了一条彩色光带,色光的排列顺序是红、橙、黄、绿、青、蓝、紫。光带中各种色光由一种色依次连续地过渡到另一种色,彼此并无明显的分界。通常我们把太阳光叫作白光,白光经棱镜分解后成为各种彩色光的现象叫作色散。白光色散后按波长顺序排列而成的彩色光带叫可见光谱。

色散现象说明:白光实际是由各种色光组成的,这些色光不是由棱镜"创造"出来的,棱镜仅仅是把白光中原已存在着的各种色光加以分解而已。自然界中,雨后天空中悬挂着的彩虹,就是阳光照射在无数小水珠的曲面上产生的光的色散现象。

2)单色光

为了进一步弄清颜色的来源,我们可以设法使色散后的任一色光再次通过一道狭缝,射到另一块棱镜上。这一束彩色光经棱镜折射后只是向棱镜底部偏折,却不再继续分解为其它色光了,如图 1-5 所示。

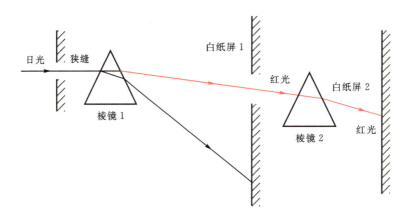

图 1-5 单色光的不可分解性

这一实验证明:每一种色光只有一种成分,即只有一个波长。我们把只有一个波长不能再分解的光叫作单色光。真正的单色光并不存在。由于人眼的分辨能力,平时所谓的单色光就是指波长在一定范围内的光,其范围的大小决定了该单色光的单色性。

白光是由不同的单色光组成的。所有的单色光在真空中的传播速率是相同的,但是在物质中,比如棱镜中,传播速率却不同,透过棱镜后发生偏折的程度也随之不同。一般偏折程度与波长有关:波长越短,偏折的程度越大,例如紫光;波长越长,偏折的程度越小,例如红光。波长不同,光的颜色就不同。每一种色光都有一定的波长,即光的波长决定了光的颜色。表1-1中列出的是可见光谱中波长和频率与色光的对应关系。

表1-1 常见色光与波长、频率的对应关系

色光	波长/nm	代表性波长/nm	频率/Hz
红(Red)	630～780	700	4.3×10^{14}
橙(Orange)	600～630	620	4.8×10^{14}
黄(Yellow)	570～600	580	5.2×10^{14}
绿(Green)	500～570	546	5.5×10^{14}
青(Cyan)	470～500	500	6.0×10^{14}
蓝(Blue)	420～470	436	6.4×10^{14}
紫(Purple)	380～420	420	7.2×10^{14}

组成光谱的各种单色光又叫作光谱色,光谱色是最纯的颜色、最鲜艳的颜色。可见光谱分阶极细,颜色的变化是连续的,相邻的颜色分界用人眼是难以分辨出来的,因此光谱色只能做粗略的划分,即常说的"日光七色"。但七色中有的单色光波长范围较宽,如红、绿、蓝三种色光,其余的色光波长范围相对比较窄。在色彩学中,为研究方便考虑,一般按以下波长范围划分三个光谱色区:400～500 nm为蓝光区,500～600 nm为绿光区,600～700 nm为红光区。

3)复色光

如果我们在棱镜和白纸屏之间再加放一块凸透镜,重做前面的色散实验,将会发现:被棱镜分解出来的单色光经凸透镜的汇聚作用后,又重新形成了一束白光,如图1-6所示。

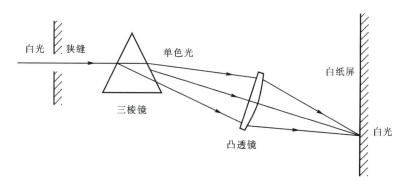

图1-6 色散后的单色光汇聚成白光

上述实验再次说明:白光是由单色光复合而成的。我们把由多种单色光混合而成的光叫作复色光。换言之,包含多种波长的光叫作复色光。自然界的日光,以及人造光源如日光灯、白炽灯、镝灯、氖灯所发出的光都是复色光。不同光源发出的复色光的光谱不同。

在以上研究的基础上,我们可以给光的色散下一个更严谨的定义:复色光由棱镜分解为单色光而形成光谱的现象叫作光的色散。

任务总结

(1)颜色视觉简称为色觉,它包括色感觉和色知觉。色觉形成的物理基础是需要具备光源、物体、观察者,也称为色觉三要素。

(2)我们要认识到光的本质是电磁波,它具有波粒二象性,其波长范围是380～780 nm,传播速率约为30万 km/s。只有一个波长不能再分解的光为单色光,多种单色光混合而成的光为复色光。复色光分解成单色光称为光的色散,实验证明,白光由单色光复合而成。

任务二　认识光源及光色特性

任务目标

(1)用光源的色温和显色性评价光源质量;
(2)绘制常见光源的相对光源功率分布曲线;
(3)具备良好的沟通能力和表达能力。

任务分析

知识引入

自然界的物体按其光学特性可分为发光体与不发光体两大类。本身不发光的物体叫作不发光体,自然界中多数物体自身不能发光,如土地、海洋等均属此类。本身能发光的物体叫作发光体,又名光源。太阳是人类生活中最主要的光源。光源种类繁多,一般可分为自然光源和人造光源两类。最典型的自然光源是太阳,它是人类在白天的主要照明光源。由于自然光源受时间、气候、地点的影响,限制了人类的正常使用,于是人类便不断研制出各种模拟日光颜色的人造光源来满足生活和生产的需要,如早期的火光和后来的电光源。

不同光源下,物体呈现的颜色不同。光源质量从颜色角度考虑主要有色温和显色性两个指标,而决定这两个指标的关键又在于光源的光谱功率分布这个基本特性。

(一)光源的光谱功率分布

光源的光谱功率分布既是光源本身光色的决定因素,又是在光源照明下观察物体时影响颜色的重要因素之一。

光源光谱功率分布

光源发出的光是由许多波长不同的辐射光组成的,同时由于各类光源的发光物质的成分及发光原理的差异,各个波长的辐射光的辐射功率(即能量)也不相同。我们把光源的光谱辐射功率按波长的分布状况称为光谱功率分布。一定的光谱功率分布表现为一定的光色。如果光源的辐射光谱中长波段的辐射功率大,该光源的光色就会偏红;反之,辐射光谱中短波段的辐射功率大,则光源的光色就会偏蓝。

1. 相对光谱功率分布曲线

光谱功率分布可用曲线表示。我们常用的是相对光谱功率分布曲线,而绝对光谱功率分布曲线用得较少。

相对光谱功率分布曲线绘制方法如下:在直角坐标系中,横坐标为光波的波长 λ;纵坐标为各单色光的相对功率值,记为 $S(\lambda)$。通常取波长 $\lambda=555$ nm 处的辐射功率值为 100 作为参考点,其它各波长的辐射光的辐射功率值与之比较而得出相应数值。根据各波长对应的相对功率值描点绘成的曲线就叫作光源的相对光谱功率分布曲线。图 1-7 是几种常见光源的相对光谱功率分布曲线。

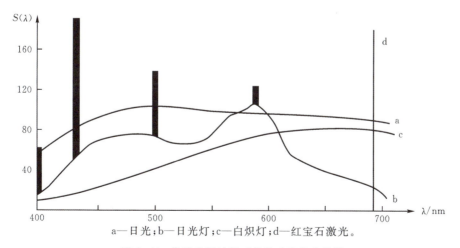

a—日光;b—日光灯;c—白炽灯;d—红宝石激光。

图 1-7 常见光源的相对光谱功率分布曲线

曲线 a 代表日光,它除在蓝紫色波段能量稍低外,在其余波段能量分布较均匀,基本是白色的。日光灯光源由曲线 b 表示,它在 405 nm、430 nm、500 nm 和 580 nm 处出现四处线状带谱,而后在长波段处能量下降,这表明日光灯的光含蓝光、绿光的成分多,含红光的成分少。曲线 c 为白炽灯光源,它在短波蓝色波段的辐射能低于日光灯,而在长波红色波段有相对高的能量。因此,白炽灯发出的光带有黄红色。曲线 d 是红宝石激光器发出的光,其能量集中在约 694 nm 处,看起来是典型的红色光。

2. 光源的光谱类型

光源的相对光谱功率分布曲线描述了光源的发光能量按波长的分布情况,按曲线的形状特点,我们可以把常见光源的光谱分为以下三种类型:

(1) 连续光谱。在整个可见光波长范围内发出的包含各种色光在内的连续彩色光带称为连续光谱。一般热辐射光源如太阳、白炽灯的光谱属于此种类型。

(2) 线状光谱。光源只在某几个波长处发出狭窄的、不连续的谱线叫作线状光谱。例如高压钠灯和高压汞灯的光谱均为此类。

(3) 混合光谱。指光源的发射光谱既有连续光谱,又夹杂着线状光谱的情况,如日光灯、镝灯、氙灯均属此类。

(二) 光源的色温

光源的光谱功率分布不同,显示出的光色也不同。人们选用了颜色温度这个概念来描述光源的颜色,简称为色温。色温是用温度值来表示光源颜色特征的物理量,是一种比曲线更为简单的光源颜色的数字表示方法。

人们在日常生活中发现某些黑色物体如铁块、煤块被加热之后,随温度的不断升高,颜色会发生黑→红→黄→白→蓝一系列颜色变化。可以认为温度与某些物体的颜色有一定的对应关系,于是人们发明了用温度值表示颜色的方法。衡量光源色温是以绝对黑体的温度与其相应的光谱功率分布作为标准的。

1. 绝对黑体

绝对黑体是指能 100% 地吸收任何波长的光辐射的物体,又名理想黑体。但是在自然界中理想的绝对黑体是不存在的,人们设计出的以耐高温金属材料制作的黑体基本接近于绝对黑体,如图 1-8 所示。

绝对黑体

> 【动动手】
> 参照图 1-7 在白纸上绘制相对光谱功率分布曲线,多次练习后熟悉日光、日光灯、白炽灯的光谱功率分布曲线。

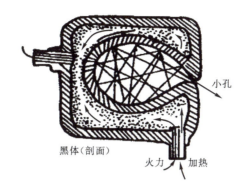

图 1-8 黑体剖面

这种黑体是一个开有小孔的封闭空腔,内部涂黑,由极小的小孔射入的光线经腔体内的多次反射和吸收,几乎难以射出,近似具有绝对黑体的特点。当将其加热时,随着温度的升高,黑体吸收的能量将以光的形式由小孔向外辐射。人们将黑体辐射出的光谱功率分布及对应的温度值测量记录下来,就得到了绝对黑体的相对光谱功率分布曲线图,如图 1-9 所示,这就使我们有了衡量各种光源色温的标准。

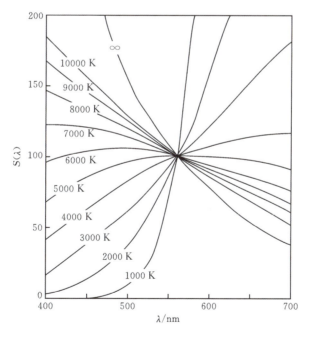

图 1-9 绝对黑体的相对光谱功率分布曲线

2. 色温

光源色温是描述光源本身颜色外貌的一个重要指标。如果某一光源发出光的颜色与黑体在某一温度时发射光的颜色相同,即光源的光谱功率分布曲线与黑体在某一温度下的曲线吻合,则黑体的这一温度值即称为该光源的色温。色温采用

光源的色温

绝对温度 T 表示,单位为开尔文,简称为开,符号为 K。

绝对温度又称为热力学温度或开氏温度。绝对温度 T 与摄氏温度 t 的关系为：$T(K)=t(℃)+273$。例如：摄氏温度为 0 ℃ 时,绝对温度为 273 K。确定光源色温的具体做法：先使用光谱辐射计测出待测光源的光谱功率分布并给出相对光谱功率分布曲线；再以绝对黑体的相对光谱功率分布曲线图作为参照标准,通过比较,找出与待测光源相吻合的一条曲线,查出曲线的绝对温度值,该数值即为待测光源的色温数值。

如：某白炽灯的相对光谱功率分布曲线与黑体在 3000 K 时的曲线相同,则此灯的色温即为 3000 K。又如：正午的日光色温为 6500 K,则说明此时日光的光色与黑体加热到 6500 K (6227 ℃)时发出的光色相同。

并非所有光源的光色都能与黑体加热后形成的光色相同,此时只能选用与黑体最接近的光色来确定该光源的色温。如果某光源发出的光色与黑体在某一温度时发射光的颜色相似,即光源的光谱功率分布曲线与黑体在某一温度下的曲线接近,则黑体的这一温度值称为该光源的相关色温。常用光源的色温数值参见表 1-2。

表 1-2 常见光源的色温与显色指数

光源名称	相关色温 T/K	显色指数 R_a	一般用途
太阳光	6000	100	照明
白炽灯(500 W)	2900	95～100	室内照明、仪表光源
碘钨灯(500 W)	2700	95～100	室内照明、仪表光源
溴钨灯(500 W)	3400	95～100	室内照明、仪表光源
日光灯(40 W)	6600	70～80	室内照明
高显色性日光灯	5000～7000	90～95	博物馆照明观测颜色
镝灯(1000 W)	4300	85～95	室内照明、仪表光源
脉冲氙灯	6000	94～95	室内照明、仪表光源
频闪氙灯	5600	94～95	室内照明、仪表光源
高压钠灯(400 W)	1900	30～60	路灯
高压汞灯(400 W)	5500	20～40	路灯

显而易见,光源的光谱功率分布是用曲线的形式来描述光色,而色温则是用数字的形式来表示光色,前者直观,后者便于交流。值得指出的是,色温只是用温度值来描述光源颜色的一种量值,它与光源本身的温度无关。

(三)标准照明体和标准光源

人们的日常生活、生产都是在日光或人造光源下进行的。不同时刻的日光和不同类型的人造光源,有着不同的光谱功率分布。同一种物体的颜色,在不同的照明条件下,将呈现出不尽相同的效果。颜色工作者如果在不同的光源下观察、分析和运用颜色,往往难以产生共同的语言和一致的结果。为了统一对颜色的认识,CIE 规定了标准照明体和标准光源。

1. CIE 标准照明体

标准照明体是指特定的相对光谱功率分布。它们不必直接由光源提供,也不一定能由光源实现。CIE 首先用相对光谱功率分布规定标准照明体,然后再规定标准光源,尽可能地实现标准照明体的相对光谱功率分布。CIE 规定的标准照明体中有的已被认为将属淘汰之列,如标准照明体 B 和标准照明体 C,在此不做研究。目前常用的品种有:

标准照明体

(1)标准照明体 A:代表绝对黑体在 2856 K 时发出的光,光色略偏黄。

(2)标准照明体 D_{65}:相关色温约为 6504 K 的平均日光。

(3)标准照明体 D:代表标准照明体 D_{65} 以外的其它日光,又名典型日光或重组日光。

另外还包括 D_{50}(5003 K)、D_{55}(5503 K)、D_{75}(7504 K)等类型。目前我国辨色场合开始广泛采用 D_{50},这是一种相关色温 5003 K 的典型日光。

2. CIE 标准光源

标准光源与标准照明体是两个不同的概念。前已述及:标准照明体是相对于特定的相对光谱功率分布而言。标准光源是指用来实现标准照明体的由 CIE 所规定的人造光源,其中也包括光源的反光、散射装置。因为考虑到随着科学技术水平的不断提高,对灯具和滤光器的改进将会使标准光源更加完美,能更准确地代表标准照明体,CIE 认为对标准光源的规定是次要的问题。

CIE 规定的标准光源中常用的:

(1)标准光源 A:色温为 2856 K 的充气钨丝灯。

(2)标准光源 D_{65}:因为至今还没有很理想的人造光源能完全模拟出它的相对光谱功率分布,所以 CIE 至今还未做规定。到目前为止,正在研制的模拟标准照明体 D_{65} 的人造光源中,效果较好的是带滤光器的高压氙弧灯。

(3)标准光源 D:CIE 至今也没有规定能实现标准照明体 D 的人造光源。目前,尽早研制出

【小贴士】

D_{65} 光源是汽车调色行业常用光源之一。

标准光源 D 已成为国际光源研究方面的重要课题。

(四)光源的显色性

光源的颜色指标除了色温之外,还有显色性。色温表示的是人们直接观察光源时所看到的光源的颜色,而显色性则是衡量光源发出的光照射到物体之后,再显示物体颜色的能力。

人类在长期的生活、生产实践中,已习惯于在日光下识别颜色。尽管日光的色温会随着气候和时刻的不同而产生变化,但人眼的辨色力依然是比较准确的,所以日光具有最好的显色性。

1. 光源的显色性及其表示方法

光源的显色性是指与参考标准光源相比较时,光源显现物体颜色的特性。按照国际照明委员会(简称 CIE)规定:待测光源色温低于 5000 K 时用绝对黑体作为参考标准光源;待测光源色温高于 5000 K 时,采用标准照明体 D 作为参考标准光源。

光源的显色性

通常显色性的好坏用显色指数 R_a 作定量的评价。显色指数是光源显色性的度量,以被测光源下物体的颜色和参考标准光源下物体颜色的相符程度来表示。CIE 规定:参考标准光源的显色指数 $R_a=100$。当某光源的显色性与参照标准光源相同时,则该光源的显色指数为 100。被测光源的显色性与参考标准光源相比有差异时,其显色指数 $R_a<100$。显色指数越接近 100,光源的显色性越好。通常,R_a 值在 100~75 之间的光源,属于显色性优良的光源;R_a 值在 75~50 时,显色性一般;$R_a<50$ 时,则为显色性差。常见光源的显色指数参见表 1-2。

光源的显色性是由光源的光谱功率分布决定的。一般说来,凡具有连续光谱或混合光谱的光源,都具有良好的显色性,因为显色性最好的日光的光谱便是连续光谱,我们选用的参考标准光源的光谱便是模拟并接近日光的光谱。

2. 几种光源的显色性能

光源的色温和显色性是衡量光源颜色品质的两个重要指标,但色温是衡量光源本身光色的指标,显色性则是衡量光源视觉颜色质量的指标。相比较而言,如果色温处于人们所习惯的范围之内,则显色性应成为光源品质的更为重要的一个指标,因为它直接影响人们所观察的物体的颜色。常用的钨丝白炽灯、金属卤化物灯、镝灯的显色指数均大于 80,为优质显色光源;日光灯的显色指数为 70~80,为一般显色光源。但综合其它因素来看,日光灯在混合光谱类光源中属于显色性较好的一种,而且有比较省电、价格低廉的优点,故此仍被普遍用于许多辨色场合的照明。至于高压钠灯与高压汞灯,虽然比荧光灯还要省电,但是它们的显色指数太低,故此只能用于道路照明等,不能用于各种辨色场合。

任务总结

(1)汽车售后维修常用的光源是户外日光(太阳光)、室内白炽灯、日光灯等光源,均属于连续光谱,光谱功率和色温、显色性具体差别如图1-7、表1-2所示,综合考量日光、白炽灯、日光灯三种光源用于汽车调色辨色最为合适。

(2)参照图1-7,完成绘制常见光源的相对光谱功率分布曲线图。

任务三　色觉生理基础认知

任务目标

(1)能叙述眼睛的结构和功能;
(2)能复述异常色觉现象及其所占比例;
(3)具备良好的沟通能力和表达能力。

任务分析

知识引入

视觉器官是由眼睛、视神经和大脑组成的,它们是形成色觉的生理基础。人的眼睛是视觉器官的重要组成部分,又被称为颜色感受器,它每天承担着繁重的捕捉外界色光信息的工作。从人们每天清晨醒来睁开眼那一刻开始,直到人们休息时闭上眼为止,眼睛一直在从事着观察、搜集光信号的工作,并把得到的色光信号通过视神经迅速传送给颜色识别器——大脑,从而产生各种色觉。如果没有眼睛的辛勤工作,人类也就无从感知光与色了,人们的信息获得量将会大大减少,因为由视觉器官获得的信息量约占总信息量的80%。可见,眼睛对于我们是多么重要。作为一名从事颜色调配工作的人员,了解一些有关眼睛的结构及功能的知识是十分必要的。

(一)眼球构造及各部分主要功能

人的眼睛是一个近似球状体,前后直径约为23~24 mm,横向直径约为20 mm,通常称为眼球。眼球是由眼球壁和眼球内容物两部分物质构成的,如图1-10所示。

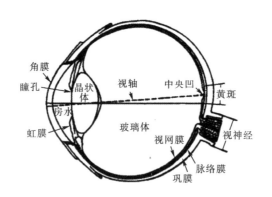

眼球构造及功能

图1-10 眼球构造示意图

1. 眼球壁

眼球壁由三层质地不同的膜组成。

(1)角膜与巩膜。眼球壁的最外层是角膜和巩膜。角膜在眼球的正前方,约占整个眼球壁面积的1/6,是一层厚约1 mm的透明薄膜。角膜的作用是将进入眼内的光线进行聚焦,即折射并集中进入眼球的光线。巩膜是最外层中、后部色白而坚韧的膜层,也就是我们的"眼白",它的作用是保护眼球。

(2)虹膜和脉络膜。虹膜和脉络膜组成了眼球壁的中层。虹膜是位于角膜之后的环状膜层,其内缘称为瞳孔,它的作用如同照相机镜头上的光圈,可以自动控制入射光量。虹膜可以收缩和伸展,使瞳孔在光弱时放大,光强时缩小,直径可在2~8 mm范围内变化。脉络膜紧贴巩膜的内面,是含有丰富黑色素的膜层。它如同照相机的暗箱,可以吸收眼球内的杂散光线,保证光线只从瞳孔内射入眼睛,以形成清晰影像。

(3)视网膜。这是眼球壁最里面的一层透明薄膜,贴在脉络膜的内表面,厚度约为0.1~0.5 mm。视网膜上面分布着大量的视觉感光细胞,是眼睛的感光部分,其作用如同照相机中的感光材料。外界物体的光信号在视网膜上形成影像,并由此处的视神经内段向大脑传送信息。

2. 眼球内容物

眼球内容物包括晶体、房水和玻璃体,它们的共同特点是透明,可以使光线畅通无阻。

(1)晶体。晶体又名水晶体或晶状体,是有弹性的透明体,形状如双凸透镜,作用如同照相机的镜头。它能由周围肌肉组织调节厚薄,根据观察物体的远近自动拉扁减薄或缩圆增厚,对角膜聚焦后的光线进行更精细的调节,保证外界物体的影像恰好聚焦在视网膜上。

(2)房水和玻璃体。角膜与晶体之间充满了透明的液体房水。晶体的后面则是透明的胶状液——玻璃体。由角膜、虹膜、房水、晶体和玻璃体等共同组成了一个接收光线的精密的光学系统。当外界物体发出的光线通过上述光学系统后,便会在视网膜上聚焦成像。视网膜上的视觉感光细胞接受了光刺激后,迅速将信息通过视神经传递给大脑的视觉中枢,就产生了物体大小、形状及颜色的感觉和知觉,即形成了视觉。

(二)视网膜构造及视觉功能

视网膜是眼睛的感光部分,上面分布着大量的视觉感光细胞,这些细胞根据形状分为视锥细胞和视杆细胞,如图1-11所示。

视网膜构造及功能

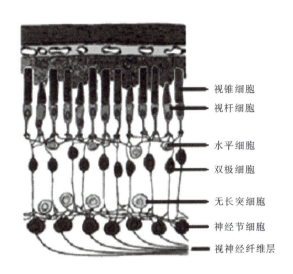

图1-11 视网膜结构

人的一个视网膜上大约有700万个视锥细胞和1.2亿个视杆细胞。在与瞳孔相对的视网膜中央部分有一个视锥细胞密集区域,该区域为黄色,直径约2～3 mm,称为黄斑。黄斑中央有一凹处,叫作中央窝或中央凹,这是人的视觉最敏锐的地方。黄斑区内几乎没有视杆细胞,但离开黄斑则视杆细胞量急剧增多,视锥细胞大大减少。视锥细胞与视杆细胞不但形状、数量和分布区域不同,而且具有不同的功能,被称为视觉二重功能。视觉二重功能包括由视网膜中央的视锥细胞产生的明视觉和视网膜边缘的视杆细胞产生的暗视觉。

1. 视锥细胞与明视觉

视锥细胞外形呈锥状,是明视觉器官。明视觉是指在光亮的条件下,由视锥细胞起作用的辨认物体细节和颜色的视觉。明视觉也称为视锥细胞视觉。视锥细胞的感光灵敏度较低,只有

【动动脑】
如果眼睛近视了,还能从事汽车调色工作吗?

在光亮的条件下,才能分辨物体的颜色和细节,执行颜色视觉功能。如果亮度较低,人们便无法分辨物体的颜色和细节,因为此时视锥细胞已经失灵,不再具有工作能力了。另外,当光作用于视网膜视锥细胞密集的中央窝时,视觉最敏锐。当观察对象偏离中央窝时,随着偏离程度的增大,视觉灵敏度会逐渐降低。可见,视锥细胞的数量及分布状况决定着视觉灵敏程度。

人的视网膜上的视锥细胞分为感红、感绿、感蓝三种类型。眼睛看到的任一种颜色都是色光引起这三种感色细胞不同程度的兴奋合成的,当光刺激能同时引起三种感色细胞兴奋时,会产生白色的感觉;当光刺激只引起感红细胞兴奋时,会产生红色的感觉;当光刺激引起感红、感绿两种细胞同时兴奋时,则会产生黄色感觉。视锥细胞退化或机能丧失者的视网膜中央部位是全盲的,同时也是全色盲。另外昼视动物一般都能分辨颜色,它们的视网膜上只有视锥细胞,没有视杆细胞,如大多数鸟类。作为颜色调配工作者,应注意明视觉的特点,在工作中注意扬长避短。在观察和评定色彩时,首先应在照明良好的环境中进行,除了光源的色温和显色指数要达到规定的标准,照度范围应在500~1500 lx之间,视被观察样品明度而定。其次,应自动调节被观察部位的距离和角度,使之正对瞳孔,以便使物体影像恰好聚焦在视网膜的中央窝处,这样才能清晰准确地观察评价色彩。

2. 视杆细胞与暗视觉

视杆细胞形状细长,分布于除黄斑区外的整个视网膜上,它们是暗视觉器官。视杆细胞的感光灵敏度较高,可以接收微弱光线的刺激信号,使我们仍能在较暗的环境中如月光下观察到物体的存在,分辨物体的明暗和轮廓。这种在较暗的条件下,只有明暗感觉没有颜色感觉的视觉称为暗视觉。因为是视网膜周边地区的视杆细胞所起的作用,也叫作视杆细胞视觉。夜视动物如许多爬虫类动物都是色盲,在它们的视网膜上,只有视杆细胞,而无视锥细胞。

具有正常视觉的人,光亮度达到 $3\ cd/m^2$(光亮度单位:坎德拉/平方米)以上时主要依靠视椎细胞作用,尤其是对黄绿光最敏感;光亮度在 $3\sim0.03\ cd/m^2$ 范围时,视椎细胞和视杆细胞共同起作用;光亮度低于 $0.03\ cd/m^2$ 时,由视杆细胞起作用。此时,人眼便看不出颜色,即使是观察鲜艳的可见光谱图,也只能看到一组明暗不同的灰色条纹。实验表明,视杆细胞对510 nm处的蓝绿光比对其它色光更敏感些。照相人员在暗室中处理全色胶片时,由于胶片对各种色光都会感光,所以在最初选择安全灯时颇为困难。后来根据以下两方面原因决定选用蓝绿灯做全色片的安全灯。一个原因是人的暗视觉对所有色光中的蓝绿色光最为敏感;另一个原因是全色片对蓝绿色光感光较迟钝。

【动动脑】

(1)为什么交通路口信号灯是红、黄、绿,而不是红、绿、蓝?

(2)为什么我们在考驾照时要进行色盲测试?

当眼睛的适应亮度介于明视觉与暗视觉范围之间时,由两种细胞同时起作用,此时的视觉称为中间视觉。由于视锥细胞与视杆细胞的交替作用或协同作用,使人类得以在不同光照条件下,随时观察自然界各种物体的形状和颜色。对于从事颜色工作的人来说,主要研究视锥细胞的功能和明视觉的作用。

(三)异常色觉

绝大多数人都具有健全的视觉器官,都能够准确地辨认各种颜色,称为正常色觉者或三色觉者。但也有少数人,据统计男性为5%,女性为0.8%不能正常辨别各种颜色,称为异常色觉者。

异常色觉

异常色觉者的视网膜上缺乏视锥细胞中三类感色细胞中的某一种,或者是负责传递某种颜色信息的视神经出了故障,不能传递颜色信息,这两种情况都能导致辨色困难。由上述原因造成的异常色觉又分为色盲和色弱两种。

所谓色盲,是指不能分辨颜色,即辨色能力丧失。轻度的异常色觉,辨色能力较差则称为色弱。如果视网膜上缺乏感红细胞,或是负责传递红色信息的视神经出了故障,不能分辨红色者为红色盲。因上述类似原因不能分辨绿色者为绿色盲,此外还有红绿色盲、黄蓝色盲。三种颜色都无法辨认者则为全色盲。全色盲主要依靠视杆细胞视觉,他们在观看光谱时没有任何颜色之分,只看到一条明暗相间的灰色光带。

异常色觉多是先天遗传引起的,所以多数异常色觉者并不知道自己有色觉缺陷。通常在体检时可以用色盲检查图发现异常色觉。异常色觉者不宜从事与颜色打交道的工作,如交通运输、化工、印染、美术、医学等。涂料调配技术的任务是精确调配各种颜色,所以要求调色人员应具有较高的辨色能力,异常色觉者亦不适合从事这项工作。

任务总结

(1)色觉形成的生理基础是光线进入眼球,眼球的视神经将电信号传递到人的大脑,大脑综合运作,产生了颜色感觉。眼球由眼球壁(角膜、巩膜、虹膜、脉络膜、视网膜)和眼球内容物(水晶体、房水、玻璃体)组成。其中视网膜是眼睛的感光部分,分布了大量的视觉感光细胞,这些细胞分为视锥细胞和视杆细胞。人的视网膜上的视锥细胞分为感红、感绿、感蓝三种类型。

(2)异常色觉者的视网膜上缺乏视锥细胞中三类感色细胞中的某一种,或者是负责传递某种颜色信息的视神经出了故障,不能传递颜色信息,这两种情况都能导致辨色困难。由上

【岗位小贴士】

通过测试证明有色弱或色盲的人员,不适合从事汽车涂料调色工作。

述原因造成的异常色觉又分为色盲和色弱两种。色盲指不能分辨颜色,即辨色能力丧失。轻度的异常色觉,辨色能力较差则称为色弱。如果确认为色盲或者色弱,则不适合从事汽车调色工作。

任务四　认识颜色心理因素

任务目标

(1)能分析常见颜色对人的心理影响;
(2)热爱祖国,崇尚劳动,培养对颜色内涵的正确认知;
(3)具备良好的沟通能力和表达能力。

任务分析

知识引入

形成色觉有三个要素:光、彩色物体、视觉器官。第一个要素光和第二个要素彩色物体,都是人体外部客观存在的物质,可以对人产生物理刺激。这种刺激量的大小能够用各种仪器进行测量,是受物理法则支配的,属于物理学系统。第三个要素视觉器官,是眼睛中的视网膜受到光刺激后,将信息通过视神经传送到大脑,这是受生理学法则支配的,属于生理学系统。大脑按它贮存的经验、记忆,识别这些传递过来的信息,这是按心理学法则实施的心理学系统。从色彩研究角度看,人形成的色觉结果常带有一定的主观性,不完全服从物理学规律。这是人类在自然环境中长期生活所具有的适应性和保护性所造成的。由于人类生理和心理上的这种适应性,从而造成色彩调配的复杂性。作为调色人员,必须了解其中的一些常见规律。

(一)适应性

由于光对眼睛的持续作用,而使视觉感受性发生变化的现象称为适应性。适应性包括亮度适应和颜色适应。

1. 亮度适应

人眼的特有功能之一是可以在照明条件相差较大的情况下工作。也就是说,既能够在阳光强烈的中午或灯光明亮的车间里观察物体,也能在朦胧月色或微弱灯光下观察物体。当照明条件改变时,眼睛通过一定的生理调节过程对光的亮度进行适应,以获得相对清晰的影像,这个过程称为亮度适应。这里的生理调节过程

色觉的适应性

包括虹膜的收放和视觉二重功能的更替两个方面。亮度适应又分为暗适应和明适应两种情况。

(1)暗适应。当光线由亮变暗时,人眼在黑暗中视觉感受性逐步增强的过程叫作暗适应。最常见的例子是我们看日场电影时,从明亮的阳光下走进已开演的影院内。刚开始眼前漆黑一片,过几分钟后,能够隐隐约约看到观众的影子。十几分钟后,基本适应了周围的环境,甚至可以借助银幕影像的微弱的光看清椅背上的号码。在这个过程中,一方面虹膜中的瞳孔自动放大,瞳孔直径由 2 mm 逐步扩大到约 8 mm,使进入眼内的光线增加数倍;更重要的一方面是视觉二重功能的转换,即在黑暗中由锥体细胞视觉转变为杆体细胞视觉,由明视觉转变为暗视觉。经测定,人在黑暗中停留 15 min 后,视觉感受性可比开始时提高数万倍。

(2)明适应。当光线由暗转亮时,视网膜对光刺激的感受性降低的过程称为明适应。例如我们看完日场电影后走出影院,来到日光下,起初会感到强光耀眼,但很快便能看清周围的景物。在这短短的约 1 min 内,虹膜迅速收缩使瞳孔缩小,控制入射光量。同时视锥细胞迅速发动起来取代视杆细胞工作,此时,明视觉代替了暗视觉,人们又能看清各种物体的颜色和细节了。人眼感光灵敏度变化的一般规律:感光灵敏度降低时快,即明适应所需时间短;感光灵敏度提高时慢,即暗适应需要的时间长。

2. 颜色适应

当人眼对某一色光适应后,马上观察另一物体色时,后者的色彩会发生变化,而带有与原来色光相反的颜色效果,需经过一段时间的适应后才会获得物体客观的正确的色觉。我们把先看到的色光对后看到的颜色的影响所造成的色觉变化叫作颜色适应。例如,一个戴着淡蓝色眼镜的人,初看外界物体时都偏向于镜片的蓝色。但经过几分钟后,他又会感到外界景物的颜色恢复到近似原来的真实色彩。当他刚摘下有色眼镜时,周围景物的颜色会带有与淡蓝色相反的淡黄色的倾向,这就是颜色适应现象。颜色适应对从事颜色调配工作的人员会产生不利的影响,在工作中应加以注意。比如先后在两种不同色温的光源下观察颜色时,必须考虑到前一种光源

【岗位小贴士】

因为有颜色的适应性,所以我们在观察颜色时不宜长时间盯视,短暂观察后,移开视线,稍等片刻再重新观察。

对人的视觉的影响。

3. 色觉恒常性

颜色适应的结果是产生色觉恒常性。戴有色眼镜的人经过了颜色的适应阶段后,外界景物会渐渐恢复其本来的颜色,这就是产生了色觉恒常性。也就是说,在照明和观察条件发生一定的变化时,人们对物体的颜色感觉保持相对稳定的特性叫作色觉恒常性。白天阳光照射下的煤块反射出的光量比月夜里白雪反射出的光量还大些,但在我们的视觉上,还是认为雪是白的,煤块是黑的。因为常见到的物体给我们留下了包括颜色、形状等多方面的印象,以后再遇到我们经历过的物体,都会通过记忆中的印象去观察,带有一定的主观色彩倾向,即带有"先入为主"的成分。这表明物体的颜色不仅取决于光、彩色物体、人眼的特性,也受到人的知识经验的影响,即大脑产生的心理作用。

人类的色觉恒常性使我们对千变万化的色彩有了一个大体的认识,有利于人们进行颜色认识上的交流。但也有不利的方面,对于从事颜色调配的人员来说,因为有了颜色适应、色觉恒常性这些心理因素的影响,要想用目测的方法准确地对比色彩是不可能做到的,只能借助有关仪器设备来完成。

(二)颜色感觉

颜色通过视觉的作用会引起对某些事物的联想而产生连锁心理反应,形成相关联的心理影响,这便是色彩的感觉。这种感觉经常会左右我们的情绪、情感、思想及行为,因此,色彩具有不可忽视的心理作用。约翰内斯·伊顿在《色彩艺术》一书中写道:"色彩就是力量,就是对我们起正面或反面影响的辐射能量,无论我们对它觉察与否。"

颜色感觉

1. 冷暖感

颜色本身并无温度的差别,但是不同的颜色给人的冷暖印象却不相同,便形成了色彩的冷暖感觉,这是色彩的感觉中最为敏感的一类。通常波长短的颜色如青色、蓝色等会使人联想到水、天空、海洋、冰川等物体,使人感到凉爽、寒冷,这类颜色被称为冷色。波长比较长的颜色如红色、橙色、黄色等,可以使人联想到温暖的东西,如红色的火焰、金色的阳光,产生暖与热的感觉,这类颜色被称为暖色。与上述颜色相比,绿色、紫色、白色、灰色、黑色、金色、银色等给人的感觉是不冷不热的,这些色彩被称为中性色。

在实际运用中,多数色彩的冷暖并非固定不变,而是相比较而言的。例如紫色与青色相比显得暖,但它与红色相比时又会显得冷,黄色与红色相比显得冷,与蓝色相比则显得暖。绿色与黄色相比显得冷,与青色相比又显得暖。

2. 远近感

观察同一平面上的色彩,会发现颜色离我们的远近程度似乎并不相同,这就是色彩的远近感。一般白、黄、橙、红色等比较明亮温暖的颜色看上去比实际距离显得更近,称为似近色。它们给人一种前冲、迫近的感觉,又名前进色。而另一些比较暗的冷的颜色使人感觉比实际距离显得更远,称为似远色。它们会给人后退和远离的感觉,又名后退色。当似远色与似近色并置时,便在同一平面上形成前后空间层次感和立体感。

3. 大小感

面积同样大小的不同颜色看上去感觉它们的大小是不同的,这就是所谓的大小感,如图 1-12 所示。

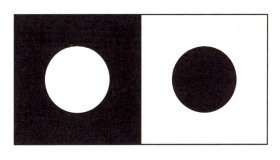

图 1-12 大小感示意图

同样大小的图形只是一黑一白。同时看去却使人以为白圆的面积大于黑圆。另外鲜艳的、明亮的红、橙、黄色与白色一样,使人感觉比同样面积的其它深色物体显得大些。这一类看上去比实际物体显得更大的颜色称为似胀色。绿、青、蓝、紫色会产生同黑色类似的效果,这些看上去比实际物体显得更小的颜色称为似缩色。法兰西共和国成立时的第一面国旗设计为红、白、蓝三色宽度相等,但是人们看去总以为三色宽度不同,即白色最宽、蓝色最窄。为了调节人们的视觉误差,设计者将三色宽度比例逐步调整为红:白:蓝=33:30:37 时,才使观察者感觉三色等宽,从而获得了国旗的均衡感与庄重感。

4. 轻重感

人们对轻重的体验主要是通过触觉,但事实上视觉也会参与对重量的判断。同样大小和重量的两个箱子,一个涂成白色,另一个为黑色,结果实验者一致认为白色的箱子更轻一些。原因是白色使人联想到天空的白云、海中的白帆、棉花羽毛等物体,有一种上升、轻飘的感觉,而黑色

【动动脑】
为什么我们经常说白色的车最安全?

使人联想到煤、铁、石头等物体,产生了坚硬、沉重、下降的感觉。通常明亮的颜色如浅蓝、浅黄、浅绿、浅红等颜色感觉轻,最轻的是白色。深暗的颜色如棕色、深红、墨绿、深蓝等颜色感觉重,最重的是黑色。一幅画面如果上半部分色彩比较明亮鲜艳,下半部分颜色深沉暗淡,就会使整个画面具有稳定感;反之会使人感觉头重脚轻。色彩除了上述各种感觉外,还有其它一些感觉,例如味道感。一般红、黄、绿色接近食品中美味新鲜的糕点、水果、蔬菜,所以给人一种香甜、清新、可口的感觉;而蓝、紫等色使人感到苦涩,在设计食品包装时极少使用。色彩还会让人产生疲劳感,例如鲜艳而杂乱的色彩环境会使人兴奋、眼花缭乱,很快会心情烦躁、感到疲劳。原因在于视觉器官中的三种感色细胞受到强烈刺激发生疲劳,不能及时恢复其功能。一般说来暖色比冷色更易使人产生疲劳感。所以表现欢腾热闹的场面一般使用红、黄色等暖色;表现宁静安适的环境时一般采用冷色。

(三)颜色感情与象征

色彩作为一种物理现象,本身是不具备情感因素的。但是人们在日常生活与生产过程中,会在许多感性认识基础上积累各种体验,形成对不同色彩的情感联想。某一色彩所获得的情感体验,经常是与特定的事件联系在一起的。所以色彩与人们情绪之间的联系往往会因人、因事、因地而异,是复杂多样的。

颜色感情与象征

总结大多数人的感受规律,并赋予某种色彩以特定的内容,这样每种颜色就具有了它们的代表性的抽象含义,即色彩的感情与象征。许多国家和民族都赋予色彩象征性的意义,以代表身份、地位或宗教思想的象征。有些色彩的象征性是国际共通的,也有些则是民族个性化的东西。下面谈谈常见色彩的感情与象征。

1. 红色

红色可以使人联想到太阳、火焰、鲜血等事物,产生温暖、热烈、危险之感,也可以使人联想到光明、辉煌、喜庆、紧急、牺牲、浴血奋战等词语,是吉利、革命、战斗、胜利、光荣的象征。

许多国家的国旗都使用红色成分。另外各国普遍采用红色信号指挥交通,表示危险、禁止的意义。

2. 黄色

黄色是阳光的颜色,是成熟果实的颜色,所以黄色使人产生光明、温暖、丰收、安全之感,被赋予高贵、辉煌、华丽、兴旺、欢乐的象征。我国古代封建帝王以黄色作为皇权的象征,西方国家则作为智慧、知识的象征。

但灰暗的黄色具有消极的意味。无边的沙漠使人产生荒凉、寂寞、绝望之感。枯黄的秋叶、黄昏的时光代表着即将结束的生命,人的脸色发黄常常是病态的象征。所以黄色有时具有消极、衰落、伤感、失败、绝望的意义。另外,由于圣经故事中出卖耶稣的叛徒犹大身穿黄袍,所以在信仰基督教的国家中黄色还是背叛、野心、狡诈的象征。

3. 绿色

绿色是春天的颜色,是植物的颜色,意味着大自然的生长和发育,象征着生机、活力、青春、希望、安宁、和平。

国际上将绿色的橄榄枝与和平鸽一起作为和平的标志。国际通用绿色作为交通指挥中的安全标志。

暗绿色则可能使人产生空虚、凄凉、胆怯、憎恶的感情。

4. 蓝色

蓝色是大海的颜色,给人以博大、宽广、深邃之感,被赋予理智、朝气、活力、高贵、尊严、真理、智慧的含义。在西方国家中,蓝色象征贵族,所谓"蓝色血统"即指出身名门贵族之意。蓝色中减去红色成分即青色,是明澈天空的颜色,给人以纯洁、宁静的感觉。青包含于蓝中,但比蓝更为纯净、明亮。具有悠久历史和民族韵味的传统青花瓷器与蓝印花布,都采用了单纯的青色与蓝色图案,非常朴素大方、纯净高雅,深受大众喜爱。

灰暗的蓝色有一定的消极含义,大面积的暗蓝灰色调能够营造一种忧郁、静寂、凄凉、贫寒、悲惨、阴森恐怖的场面。

5. 品红色

品红色在生活中常被称为桃红色,它不具有红色的那种饱满热情,而倾向于艳丽、华贵、幸福、活力。由于比较明亮,缺少力度,也常给人一种娇艳、轻浮之感。

6. 紫色

紫色象征庄重、高贵、优雅、尊敬、委婉、孤傲、神秘。自古至今,无论东方还是西方,紫色都被视为一种高贵华美、卓尔不群的颜色。西方的紫色门第意味着名门望族。中国唐宋时期高官才可身着紫袍,表示官职显赫、威严神圣。

紫色还可代表不安、疑难、阴暗、悲哀、凄凉、卑劣等因素,浓艳刺目的大面积紫色也会产生庸俗的意味。

中国战国时期大思想家邹衍首先提出来的阴阳五行思想学说中,其象征性色彩表达的是中华民族固有的色彩观念与思维方式。阴阳五行中的金、木、水、火、土与白、青、黑、红、黄相对应:青色代表东方、龙、春天、森林、酸味、肝脏等;红色象征南方、鸟、夏天、苦味、太阳、阳气等;白色象征西方、虎、秋天、辛味、风等;黑色象征北方、龟蛇、冬天、咸味、水等;黄色代表中央、土地、甘味、皇帝、心脏等。

这些色彩的象征意味并非出于视觉的美感,也不是为了传达感情,而是与象征文字一样,所表达的完全是抽象的意义或某种特定的精神。

(四)色彩运用注意事项

色彩在平时生活中的运用属于个人行为,由于每个人的年龄、性别、性格、民族、地域、经历、观念、文化素养等诸多因素的不同,人们对色彩的选择与偏爱常有区别,但也具有一定的共性与稳定性。美国色彩专家切斯金认为,支配人们选择色彩有三个因素:第一是个人爱好,占20%;第二是体面的维持、自我与环境的调整,占40%;第三是对快乐的追求、对时尚的向往,占40%。

1. 年龄与性格

儿童和年轻人多数喜欢鲜明、活泼的颜色,如红色、黄色、绿色等;中老年人则多数喜欢稳重沉着、朴素大方、含蓄内敛的颜色,如棕色、灰色、白色、黑色、蓝色等。从性格上看,一般喜欢红色的人性格奔放、感情外露,并且是现实的享乐主义者;喜欢绿色的人是理性、朴素、性格平和的人;喜欢蓝色的人具有浪漫、感性的特点,注重精神生活;喜欢橙色的人一般缺乏自主性,比较随和;喜欢紫色的人性格多孤傲、浪漫、忧郁、性格内向;喜欢深棕色与黑色的人冷静、稳重、固执、性格内敛,有的比较自卑;喜欢白色的人单纯、开朗、活泼,遇事易冲动。

2. 地域和国家

不同地域和国家的人对颜色的偏爱也有不同,如大多数中国人喜欢红色、绿色,而欧洲人对蓝色系比较偏爱。欧美人以黑色为丧服的颜色,白色为结婚礼服的颜色。中国人则以白色为丧事的主色,以红色作为喜事的主色调。法国男子喜欢蓝色,女子喜欢粉红色,但是都反感墨绿色,因为是纳粹军服的颜色。德国人喜欢鲜明的颜色,还认为黑色是吉祥之色,却不喜欢深蓝色和茶色。意大利、奥地利人认为绿色高贵。罗马与希腊人认为黄色吉祥。在美国,黑、黄、青、灰表示东南西北;色彩表示大学的专业,白色为文学、青色为哲学、绿色为医学、紫色为法学、黄色为理学、橙色为工学、粉色为音乐、黑色为美学;颜色还用来表示月份。在英国,金色与黄色表示荣誉和忠诚,银色和白色代表纯洁,红色代表勇敢与热情,青色代表虔诚与诚实,绿色象征青春和希望,紫色象征权威和高位,橙色象征力量和忍耐,黑色代表悲哀和悔恨。部分国家对色彩的喜好与禁忌参见表1-3。

表1-3 部分国家对色彩的喜好与禁忌

国　　家	喜欢的色彩	色彩禁忌
法　国	蓝色、粉红、灰色	墨绿色
意大利	绿、灰、蓝	紫色
瑞　典	黑色、黄色、绿色	蓝色
荷　兰	橙色、蓝色	
瑞　士	红、黄、蓝、红白相间	黑色

续表

国　家	喜欢的色彩	色彩禁忌
德　国	鲜艳色、黑色	茶色、深蓝
伊拉克	红、蓝	黑、橄榄绿
叙利亚	青、蓝、绿、红	黄色
埃　及	绿色	蓝色
印　度	红、橙、黄、蓝、绿	黑、白、紫
日　本	红、粉红、青等鲜艳色	绿、黑

3.时代特征

随着时间的推移及社会风尚的变化,由于不同时代在社会制度、意识形态、生活方式等方面不同,人们的审美意识与水平亦不同,对色彩的爱好与使用也随之不断调整。过去有些认为不和谐的色彩搭配现在被认为是新颖美丽的配色。战争年代一般喜欢浓厚强烈的色彩,如旗帜的红与军装的暗绿。和平年代则喜欢明亮淡雅的色彩。第二次世界大战后为了表示对遇难者的哀悼,很多人身着黑色服装。当某些色彩被赋予了时代精神的象征意义,符合人们的认识、理想、观念、兴趣、爱好、欲望时,这些色彩便会流行开来,由此就产生了国际流行色或某一区域内的流行色。

艺术设计行业人员必须关注时下的流行色,因为流行色代表了大多数人在特定的时代背景下对于色彩的审美爱好与意向。一般规律是长期流行红蓝色调后,人们会转而向往绿橙色调;长期流行淡色调后,大家又会向往深色调;长期流行鲜明色调后,人们会追求沉着色调;暖色调流行过后,冷色调会取而代之。近年的国际流行色多是选择大自然的色彩:宇宙色、海洋色、原野色等。这是由于人们对生活环境被严重污染和破坏的抗议,对大自然的怀念和向往。所以研究色彩的运用必须考虑时代的因素。其次还应该考虑到政治宗教等因素,例如英国两党角逐的政坛上,天蓝色是保守党的象征,红色则是工党的象征,保持中立的英国王室代表人物一般尽量避免使用这两种颜色。

任务总结

在现代商业竞争中,消费者对商品本身与外包装的色彩的喜好往往成为决定是否购买的重

【动动脑】
中华文明上下五千年,红色在我国有着特别的寓意,你如何理解"生在红旗下,长在春风里,如果奇迹有颜色,那一定是中国红"这句话?

要因素。所以,在设计过程中,既要根据产品种类、用途、性能等方面考虑色彩的使用,又要掌握消费者对色彩的喜好心理倾向和流行色等因素。

实训　光的色散实验

实训描述

【任务说明】

使学习者了解光的色散过程,认识可见光谱、单色光、复色光及光谱色,为下一步学习色光加色法打下基础。

【任务目标】

(1)能独立完成色散实验;

(2)具备良好的沟通能力和表达能力;

(3)具有与他人密切合作和规范安全地完成学习活动的能力;

(4)培养不怕吃苦、不怕累、热爱劳动的精神。

【任务分析】

物料准备

物料准备要求见表 1-4。

表 1-4　物料准备要求

序号	名称	规格及技术要求	数量	类别
1	三棱镜	5 cm×3 cm×3 cm×3 cm	2	工具
2	凸透镜	直径 5cm	1	工具
3	白纸屏	A2 规格	2	耗材
4	暗室	5 m²	1	场地
5	工作服	符合《个体防护装备配备规范》GB 39800—2020 的要求	足量	防护
6	安全鞋	符合《足部防护　安全鞋》GB 21148—2020 的要求	足量	防护

(一)作业前穿戴防护用品

正确穿戴防护用品(图 1-13)。

(1)工作服;
(2)安全鞋。

图1-13 穿戴防护用品

(二)检查暗室及相关工具

检查暗室情况,清点工具耗材数量(图1-14)。

(1)暗室布置正常;
(2)三棱镜;
(3)凸透镜;
(4)白纸屏。

图1-14 检查工具材料

(三)光的色散实验

1. 光的色散

(1)如图1-15所示,让一束白光穿过一道狭缝,射到一个三棱镜上,观察在三棱镜另一侧白纸屏上出现的彩色光带——可见光谱,注意各色光的排列顺序,体会组成光谱的色——光谱色是最鲜艳的颜色。

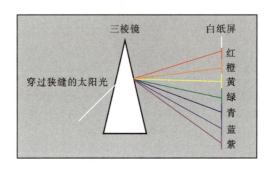

图1-15 光的色散

(2)如图1-16所示,缓慢地转动三棱镜的角度,可重复几次,观察光谱中各色光宽度及变化,记录观察结果。

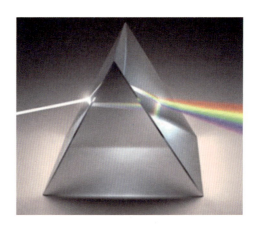

图1-16 转动棱镜

2. 单色光特性

(1)在已形成可见光谱的纸屏上任一色光处开一狭缝,让色光通过狭缝射到另一个三棱镜上,观察通过第二个三棱镜后色光的角度及颜色有无变化。

(2)记录单色光不能再被分解的特性,如图1-17所示。

图 1-17 观察单色光

3. 复色光的组成

(1)在第一个实验的三棱镜与白纸屏中间放一个凸透镜,观察色散后的单色光经凸透镜聚光后在白纸屏上的光色。

(2)如图 1-18 所示,记录单色光复合的结果。

图 1-18 复色光

(四)现场整理

如图 1-19 所示,实验结束,整理现场,做好现场 5S。

(1)将暗室恢复原状;

(2)三棱镜、凸透镜、A2 纸回收;

(3)完成现场 5S。

图 1-19　现场 5S

实训总结

(1) 白光由红、橙、黄、绿、青、蓝、紫七色光复合而成;

(2) 不能再分解的色光为单色光;

(3) 两种或者两种以上的单色光混合形成的光称为复色光,复色光可以反向分解为多种单色光。

【劳动佳句】

医治一切病痛最好的最宝贵的药品,就是劳动。

——奥斯特洛夫斯基

实训任务书

【实训任务记录】

(一)作业前穿戴防护用品

(二)检查暗室及相关工具

(三)光的色散实验

1.步骤一　光的色散(共30分,每项10分)

(1)请选择你观察到的白纸屏上出现的色光。

□橙光　□红光　□黄光　□紫光

□绿光　□青光　□蓝光

(2)观察到的单色光排列顺序是：

_____

(3)波谱较宽的单色光是_____光。

2.步骤二　单色光特性(共10分)

选择观察到的单色光特性：□不可再分解　□可以分解

3.步骤三　复色光的组成(共20分,每项10分)

(1)根据观察到的单色光复合结果判断：

太阳光是由红、橙、黄、绿、青、蓝、紫光七种单色光合成的复色光。

□正确　□错误

(2)拓展思考:阴雨天气可以在室内白炽灯下观察颜色吗？

_____

_____

(四)现场整理

个人自评表

班级		组名		姓名		日期	年　　月　　日
评价指标	评价内容					分值	分数
信息检索	有效利用网络、图书资源、工作手册查找有用的相关信息等；能用自己的语言有条理地去解释、表述所学知识；能将查到的信息有效地传递到工作中					10分	
感知工作	熟悉工作岗位，认同工作价值；在工作中能获得满足感					10分	
参与态度	积极主动参与工作，吃苦耐劳，崇尚劳动光荣，技能宝贵；与教师、同学之间相互尊重、理解；与教师、同学之间能够保持多向、丰富、适宜的信息交流					10分	
	探究式学习、自主学习不流于形式，处理好合作学习和独立思考的关系，做到有效学习；能提出有意义的问题或能发表个人见解；能按要求正确操作；能够倾听别人意见、协作共享					10分	
学习方法	学习方法合理，有工作计划；操作技能符合规范要求；能按要求正确操作；获得了进一步学习的能力					10分	
工作过程	遵守管理规程，操作过程符合现场管理要求；善于多角度分析问题，能主动发现、提出有价值的问题					15分	
学习态度	能发现问题、提出问题、分析问题、解决问题、创新问题					10分	
自评反馈	按时保质完成工作任务；较好地掌握了专业知识点；具有较强的信息分析能力和理解能力；具有较为全面严谨的思维能力，并能条理清楚地表达成文					25分	
	自评分数					100分	
有益的经验和做法							
总结反馈建议							

小组互评表

班级		被评小组		日期	年　月　日
评价指标		评价内容		分值	分数
信息检索		该组能有效利用网络、图书资源、工作手册查找有用的相关信息等		5分	
		该组能用自己的语言有条理地去解释、表述所学知识		5分	
		该组能将查到的信息有效地传递到工作中		5分	
感知工作		该组能熟悉工作岗位,认同工作价值		5分	
		该组成员在工作中能获得满足感		5分	
参与态度		该组与教师、同学之间相互尊重、理解、平等		5分	
		该组与教师、同学之间能够保持多向、丰富、适宜的信息交流		5分	
		该组能处理好合作学习和独立思考的关系,做到有效学习		5分	
		该组能提出有意义的问题,或能发表个人见解;能按要求正确操作;能够倾听别人意见、协作共享		5分	
		该组能积极参与,在实操过程中不断学习,综合运用信息技术的能力得到提高		5分	
学习方法		该组的工作计划、操作技能符合现场管理要求		5分	
		该组获得了进一步发展的能力		5分	
工作过程		该组遵守管理规程,操作过程符合现场管理要求		5分	
		该组成员能完成任务,善于多角度分析问题,能主动发现、提出有价值的问题		20分	
学习态度		该组能发现问题、提出问题、分析问题、解决问题、创新问题		5分	
自评反馈		该组能严肃认真地对待自评,并能独立完成自测试题		10分	
		互评分数		100分	
简要评述					

教师评价表

班级			组名		姓名	
评价内容	评价要点	考查要点	分值	评分标准		分数
任务描述、接受任务	口述内容细节	(1)表述仪态自然、吐字清晰	2分	表述仪态不自然或吐字模糊扣1分		
		(2)表达思路清晰、层次分明、准确		表达思路模糊或层次不清扣1分		
任务分析、分组情况	依据流程分组分工	(1)分析流程关键点准确	3分	表达思路模糊或层次不清扣1分		
		(2)涉及理论知识回顾完整,分组分工明确		知识不完整扣1分,分工不明确扣1分		
制订计划	制订实施流程	准确制订操作流程	10分	错误一步扣1分,扣完为止		
计划实施	实验前准备	(1)安全防护用品准备	5分	每漏一项扣1分		
		(2)设备工具准备		每漏一项扣1分		
	观察涂料组成	任务实施记录	60分	见实训任务书		
	现场恢复	(1)设备归位、回收工具材料	3分	每漏一项扣1分,扣完为止		
		(2)场地5S工作	2分	每违反一项扣1分,扣完为止		
总结	任务总结	(1)依据自评分数	2分	—		
		(2)依据互评分数	3分	—		
		(3)依据个人总结评分报告	10分	依据总结内容是否到位酌情给分		
合 计			100分			

1. 太阳光谱中,可见光的波长范围是( )。
   A. 380～780 nm   B. 400～700 nm
   C. 480～780 nm   D. 300～700 nm

2. 物体受到光的照射,发生部分反射、部分吸收、不透射时呈现的颜色是( )。
   A. 无色透明   B. 有色透明
   C. 有色不透明   D. 有色半透明

3. 所谓光线就是能够在人的视觉系统上引起明亮的颜色感觉的( ),所以人们凭借光线,才能看到物体的颜色。
   A. 可见光   B. 电磁辐射   C. 反射线   D. 透射线

4. 在人类眼睛内的视网膜上存在着三种视神经纤维,即( )的视觉细胞。
   A. 感红、感黄、感蓝   B. 感红、感绿、感蓝
   C. 感绿、感蓝、感黄   D. 感黑、感蓝、感白

5. 色彩是物体( )三者的结合。如果这三个因素中的任何一个发生了改变,那么所产生的颜色也会随之改变。
   A. 光照、反射、感觉   B. 反射、光源、观察者
   C. 反射、光源、感觉   D. 反射、直射、观察者

项目二 颜色基本性质认知

 项目概述

自然界中的颜色成千上万种,看似纷繁复杂,其实遵循对应的规律。探究颜色的本质,熟悉颜色的三种属性及其之间的变化关系,对我们后期掌握调色规律非常重要。

本项目主要学习:认识颜色的分类、颜色三属性认知、认识三属性表示方法、认识颜色的命名、颜色辨识实验。

 学习目标

1. 知识目标

(1)能叙述发光体和不发光体成色方式;

(2)能叙述颜色的三属性;

(3)能叙述孟塞尔色立体物体颜色标号;

(4)能叙述颜色的分类标准及命名规则。

2. 能力目标

(1)能运用物体对光的吸收方式分析物体成色原理;

(2)能分析光源色和环境色对物体色的影响;

(3)能感知颜色特性三属性的差别,并能分析三属性的区别与联系。

3. 素质目标

(1)能领悟整体与部分辩证统一的思想;

(2)具备良好的沟通能力和表达能力;

(3)具有与他人密切合作和规范安全地完成学习活动的能力;

(4)培养不怕吃苦、不怕累、热爱劳动的精神。

任务一　认识颜色的分类

任务目标

(1) 能叙述发光体和不发光体成色方式；
(2) 能运用物体对光的吸收方式分析物体成色原理；
(3) 能分析光源色和环境色对物体色的影响；
(4) 具备良好的沟通能力和表达能力。

任务分析

知识引入

当光照射到物体上时，会产生诸如吸收、反射、透射、散射、折射、衍射和干涉等许多物理现象。由于自然界的物质具有固体、液体和气体三种存在状态，加之各种物质有着不同的化学成分与结构形式，所以形成颜色的方式也各不相同。

(一) 常见物体的成色方式

物体的成色方式很多，如吸收成色、色散成色、干涉成色、散射成色、荧光成色等。三棱镜等一类物质能使白光发生折射，从而产生彩色；钻石在光照时流光溢彩均属色散成色。光在某些物体表面因干涉现象而呈现颜色即为干涉成色方式，如羽毛、贝壳、珍珠、肥皂泡、水面上的油花等均属此类成色方式。用光的折射或干涉现象产生颜色，以及散射成色、荧光成色等成色方式都不适合颜色调配，故均不作为本书的研究对象。

常见物体的成色方式

当物体通过对光的吸收、反射和透射形成颜色时，即称为吸收成色方式。我们日常生活中的大多数物体及颜色调配过程中均以吸收成色方式产生颜色，所以，吸收成色方式是我们研究的主要内容。通常以吸收成色方式呈现颜色的物体都具有下列三种主要光学特性，即吸收、反射与透射，如图2-1所示。

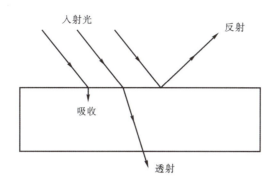

图 2-1　物体对光的吸收、反射和透射

当入射光照射到物体表面时,物体会因为自身的化学结构特点对入射光做出吸收、反射和透射等不同的反应。

(二)颜色的分类

根据物体对光的吸收情况,自然界中所有的颜色可以分为两大类:无彩色和有彩色。无彩色是指从白到黑的一系列灰色,过去称为消色或非彩色。白色、灰色和黑色等无彩色物体对白光光谱各波长的光吸收程度均等,所以也有人将它们称为中性灰系列。有彩色则是指无彩色以外的各种颜色,通常简称为彩色,彩色物体对各波长的光吸收程度不相同。

1. 彩色与选择性吸收

白光照射到物体上,如果物体只吸收某些波长的色光,对其余波长的光吸收程度小或根本不吸收,这种不等量吸收入射光的现象称为选择性吸收。物体对光的选择性吸收是形成彩色的根本原因。因为在物体对光进行选择性吸收的同时,没有被吸收的色光会被物体反射(或透射)出来,反射光(或透射光)与入射光相比,不仅能量有所减弱,光亮度下降,而且光谱成分也发生了变化。这类具有选择性吸收能力的物体在白光照射下,反射光(或透射光)对人眼中三种感色细胞的刺激不再相等,所以给人以彩色的感觉。

彩色与选择性吸收

根据物体对光的反射与透射情况,通常把不发光体分为透明体与不透明体两类。凡能让可见光全部或部分透过的物体,称为透明体,如玻璃、滤色片、电影胶片及各种照相底片等。凡是不能让可见光透过的物体称为不透明体,如铁皮、木材等物体。这只是一个大致的分类,实际上有些物体同时具有使光透射和反射的特性,通常是以主要特性来将它们归类。

(1)透明体呈色原理。提起透明体,容易使人马上想到那些无色透明的物体,例如:窗户上的玻璃、无色塑料袋和少量的清水。这些物体的共同特点是:它们几乎能使入射光全部透过而没有吸收。如果我们将一块透明的玻璃置于白色光源和白色屏幕之间,则白色屏幕仍是白色,基本没有什么变化,这说明光源发出的白光几乎全部透过了玻璃。

透明体并非都是无色透明的,也可以是彩色透明的。假如我们将上述实验中无色透明的玻璃换成一块红色玻璃,立刻会发现,光源发出的白光透过这块玻璃后,照射到白色屏幕上的光已变成了红色;从而使白色屏幕的相应部位也变成了红色。为什么入射光是白光,透过玻璃后却变成了红光呢?这是因为红玻璃本身的化学成分和结构使它具有了特定的选择能力,它能选择性地吸收 400~500 nm 的蓝光和 500~600 nm 的绿光,只透过 600~700 nm 的红光,透射过去的红光将白色屏幕映成红色。如果换为绿色玻璃,则白色屏幕会变为绿色。可见,彩色透明体之所以有色,是因为它们能对白光中的某些单色光做选择性的吸收,并使其余的色光透过。

由此可知,透明体的颜色是由它本身经过选择性吸收之后透过去的色光所决定的。透射什么色光,物体便呈现什么颜色。

(2)不透明体呈色原理。自然界中不透明体很多,它们的颜色与物体本身对光的吸收和反射情况有关。例如,当白光照射到一片绿叶上时,由于绿叶本身的化学成分和结构决定了它能选择性地吸收白光中 400~500 nm 的蓝光和 600~700 nm 的红光,只反射出 500~600 nm 的绿光。反射出的绿光刺激了我们的视觉器官,感绿细胞的兴奋使我们判断出叶子的颜色是绿色的。同样还是这片绿叶,假如不是白光而是红光照射到上面,由于叶子仍会按其本性吸收掉红光,再没有任何光反射出来,人眼接收不到任何光刺激信号,就会感觉叶子是黑色的。可见,反射到人眼中的光只是照射到物体表面的入射光的一部分,与原来的入射光相比,由于物体的选择性吸收,一般使反射光的亮度有所减弱,光谱成分也有所改变。

由此可知,不透明体的颜色是由它本身经过选择性吸收之后反射出的色光决定的。反射什么色光,物体就会呈现什么颜色。

综上所述,不论是透明体还是不透明体,它们之所以能呈现彩色,归根结底是由于它们本身能对入射白光进行选择性吸收。物体所呈现的颜色是由入射光中减去被吸收色光后反射或透射色光的颜色。通常,我们把入射光被物体反射或透射的光色称物体色。物体色可以是彩色,也可以是无彩色。

2. 无彩色与非选择性吸收

当白光照射到某些物体上,如果物体对各处不同波长的光等比例地吸收,这种吸收就称为非选择性吸收。物体对入射白光进行不同程度的非选择性吸收之后所呈现的颜色,就是从白到黑的一系列中性灰色,即无彩色。

如果入射光照射到某物体上,经过程度极小的非选择性吸收,绝大部分入射光都被反射出来,这种物体色就是白色。如图 2-2 所示。如果某物体能将入射光全部等比例吸收,几乎很少有光反射出来,那么这种物体色就是黑色。如果某物体将入射白光等比例吸收一部分,反射另一部分,这种物体色就是灰色。根据等量吸收的量的多少,会有不同深浅的灰色。吸收得多,反射得少,灰色就深;反之吸收得少,反射得多,灰色就浅。总之,白光照射到非选择性吸收的物体上,反射出来的光与入射光的强度相比,一般总有不同程度的减弱,即使是白色物体也总会有极少量的吸收。

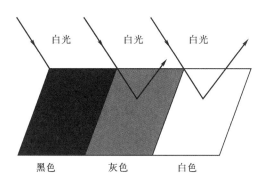

无彩色与非选择性吸收

图 2-2　无彩色非选择性吸收示意图

通常在分析物体的呈色情况时,常使用光的反射比来定量地描述无彩色。光反射比是指被物体表面反射的光通量与入射到物体表面的光通量之比。用百分比表示时,也称反射率。可表示为:反射比(ρ)=反射光通量/入射光通量。一般我们将 $\rho<10\%$ 的物体色称为黑色,如黑布、黑丝绒、黑色油墨、墨汁的颜色。其中最黑的是黑丝绒,其反射率约在 $0.2\%\sim2\%$。反射率 $\rho>75\%$ 的物体色则被称为白色,如白纸、白墙、白雪、白色涂料等物体的颜色,其中未经污染的白雪有较高的反射率。在颜色测量工作中,我们使用氧化镁或硫酸钡作为白色标准,它们的反射率可达 95% 以上。反射率介于 $10\%\sim75\%$ 之间的物体色为各种不同深浅的灰色(gray)。如图 2-3 所示。

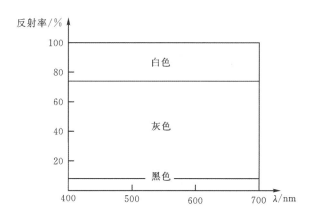

图 2-3　无彩色的光谱反射曲线

自然界里绝对的黑色与绝对的白色是不存在的,也就是说,能100％吸收入射光的黑色和100％反射入射光的白色是无法找到的。

(三)影响物体色的主要因素

在日常生活中,我们已习惯于在最主要的光源——日光下分辨物体的颜色。长期的生活实践使我们对许多物体呈现的颜色记忆和称呼逐渐固定下来,所以我们把物体在日光下稳定呈现的颜色称为物体的固有色,又名记忆色。物体的物体色与固有色之间是什么关系呢？

物体色是由物体的固有色、光源色和环境色三方面因素综合而成的。当光源色是正常的日光,环境色影响又较小时,可以把固有色看作是物体色,这种情况最具有普遍性。另外,我们在日常生活中需要有一个相对稳定的、来自以往经验中的色彩印象来表达某一物体的颜色特征,所以,提起旗帜,我们马上会想到它是红色的;提起森林,我们头脑中就会浮现出它的绿色。其实这都是物体的固有色,在许多情况下代替了物体色。作为画家来说,他们对物体色的变化的观察能力要比常人敏感得多,对物体的固有色、光源色和环境色之间的关系也比常人观察得更细致、更深入。一个有经验的艺术家,会在他的作品中正确体现和充分利用上述三者的关系。物体的固有色是变化的依据,光源色和环境色则是变化的条件。

根据现代科学的定义,物体色是指光被物体反射或透射后的颜色。换言之,物体只具有对不同光谱成分进行固定地吸收、反射或透射的光学特性,而没有一成不变的固定的颜色。由此看来,物体色是一个含义更广的概念,固有色则是物体色中有代表性的一种形式。固有色只是在特定条件下,即日光下,稳定呈现的一种物体色而已。而在许多场合中,物体色将会随着一些客观因素而改变,诸如:光源的颜色、环境的颜色、光照角度、观视距离等,都会对物体的颜色产生影响。可见,物体色是远比固有色更复杂的物体的颜色。在此,我们只来分析影响物体色形成的最主要的两个因素:光源色和环境色。

1. 光源色对物体色的影响

光源色,顾名思义,是指光源发射的光的颜色。光源发出的光所含光谱成分不同,光的颜色就不同。每种物体都因其特定的化学结构而具有固定的光学特性,所以同一物体在不同的光源照射下将会呈现不同的颜色。一般说来,光源色对物体色的影响有如下规律:

(1)彩色光照射到无彩色物体上时,该物体会产生非选择性吸收和反射,反射光的颜色与入射光颜色相同。例如,一座石膏像,在正午的阳光下呈现白色,在清晨的朝阳里会略带黄色,而在傍晚的夕阳中会呈微红色,如果在绿色灯光照射下它又会变成绿色。换成一张白纸,在不同色光照射下也会出现不同的呈色效果,如图2-4所示。可见,光源色对物体色的影响相当大,有时它甚至能改变物体的固有色。这是因为,当光源的光谱成分发生变化时,必然影响到物体的反射光谱的成分,从而使物体色随光源色的变化而变化。灰色物体受光源色影响的情况与白色物体相似,不同处只在于反射出的色光亮度会更弱些。值得一提的是,黑色物体是个例外,它不受光源色的影响,因为所有色光照射到黑色物体上,都会被它不加选择地统统吸收。

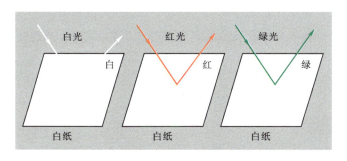

光源色对无彩色物体的影响

图 2-4　光源色对无彩色物体颜色的影响

(2)彩色光照射到彩色物体上时,该物体会产生选择性吸收和反射,原来的彩色将会被改变,有时甚至会变为无彩色。如图 2-5 所示。

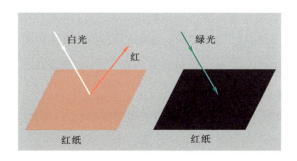

图 2-5　光源色对彩色物体颜色的影响

一张固有色为红色的纸,在绿光的照射下变成了黑色。因为红纸固有的光学特性是能选择性吸收 400~500 nm 的蓝光和 500~600 nm 的绿光,只反射长波段的红光。当光源色光中只含有 500~600 nm 的绿光,不含 600~700 nm 的红光时,固有色为红色的这张纸就只能选择性吸收绿光,却没有红光可反射。因为没有任何光反射出来,这张纸看上去就变成了黑色。

一般说来,光源色对物体色的影响主要表现在物体的光亮部位,即受光照射的一面,而物体其它部位的颜色受光源色的影响较小。所以,物体光亮部位的颜色是物体固有色和光源色的综合体现。

2. 环境色对物体色的影响

随意观察我们周围的环境,就会发现自然界中任何物体都不会孤立地存在,每一件物体的旁边必然会存在着其它物体。我们知道,大多数物体都是有色的,都会反射或透射一定的色光,这些有色物体所发出的色光同样会对作为观察对象的物体色产生影响。

我们把被观察物体周围邻近物体的颜色称为环境色。例如,蔚蓝的海面上泊着一艘白色的游艇,作为观察对象的艇身则会因其环境——海水的反光而呈现淡蓝色。白色石膏像放在红色的丝绒上,石膏像与丝绒相邻的部位便会呈现淡红色。阳光明媚的打麦场中,身穿白衣的打麦人会因周围大面积麦秸的颜色影响,身上泛着金黄色。

通常,环境色对物体色的影响主要表现在暗调部位。一般规律是颜色鲜艳或者面积大的临近物体所产生的环境色影响较大;邻近物体与被观视物体距离近时产生的影响大;被观视物体表面越光滑,受环境色影响也就越大。

物体的固有色是变化的依据,光源色和环境色则是变化的条件。只有抓好三者关系,才能使物体色更丰富多彩,使画面中的物体具有立体感、空间感和美感。

任务总结

(1)日常生活中的大多数物体及颜色调配过程中均以吸收成色方式产生颜色。
(2)根据物体对光的吸收情况,自然界中所有的颜色可以分为两大类:无彩色和有彩色。
(3)物体色是由物体的固有色、光源色和环境色三方面因素综合而成的。
(4)影响物体色的主要因素有光源色和环境色。
①彩色光照射到无彩色物体上(黑色物体除外)时,该物体会产生非选择性吸收和反射,反射光的颜色与入射光颜色相同;彩色光照射到彩色物体上时,该物体会产生选择性吸收和反射,原来的彩色将会被改变。
②颜色鲜艳或面积大的邻近物体所产生的环境色影响较大;邻近物体与被观视物体距离近时产生的影响大;被观视物体表面越光滑,受环境色影响也就越大。

任务二　颜色三属性认知

任务目标

(1)能叙述颜色的三属性;
(2)能感知颜色特性三属性的差别,并能分析三属性的区别与联系;
(3)能领悟整体与部分辩证统一的思想;
(4)具备良好的沟通能力和表达能力。

任务分析

知识引入

我们在日常生活中观察和讨论颜色时,最简单、最常用的方法是用一些颜色的名称来表达对颜色的认识。例如,我们在向别人描述一本书的封面颜色时,可以说"这本书的封面是蓝色的",这是在说明封面颜色的外观相貌。为了解释得更清楚,则可以说"是一种浅蓝色的",这是在介绍颜色的深浅程度。如果要描述得更具体、更全面,还可以说"是一种浅蓝灰色的",这是在进一步说明封面颜色是否鲜艳。这种介绍颜色的方法,从颜色的外貌、深浅程度和鲜艳程度三方面描述了色彩,基本可以使对方想象出这种颜色,但不会太准确。对方很可能在亲眼看到这本书后认为"比我原来想象的颜色要深些"。这种对颜色认识上的差别在生活中是无关紧要的,但在颜色调配工作中却举足轻重。为了把人们在生活中对颜色的感性认识上升为理性认识,在生产和科研中更精确地描述颜色,国际上统一规定了鉴别颜色的三种基本特征:色调、明度和彩度。我们称之为颜色的三属性,如图 2-6 所示。同上述介绍封面颜色的方法相类似,颜色三属性可以定性地描述颜色。不同之处在于颜色三属性还可以定量地描述颜色。自然界中大多数物体都有颜色,几乎每种颜色都同时具有色调、明度和彩度这三个特征。我们可以根据颜色的三属性,把自然界中纷繁众多的颜色进行系统分类、归纳、排列和描述。

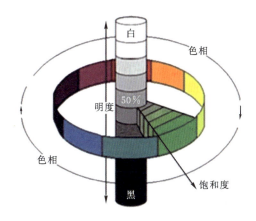

图 2-6 颜色的三属性

(一)色相

色相又名色调,在 GB/T 5698—2001《颜色术语》中,色相亦称为色调,在《中国颜色体系》GB/T 15608—2006 中,色调表示红黄绿蓝紫等颜色特性,是颜色三属性之一,如图 2-7 所示。在一幅图画中,色与色之间的整体关系构成色彩的调子,称为色调,也叫色相,是颜色最主要的特征,是色与色之间的主要区别。

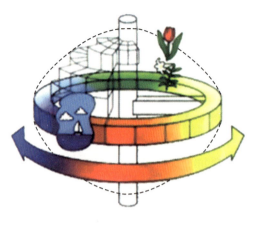

色相

图 2-7 色相

1. 色相的定义及表示方法

色相是指颜色的外观相貌。在可见光谱上,人的视觉能看到红、橙、黄、绿、青、蓝、紫等不同的颜色,人们对这些可以相互区别的颜色以不同的方法加以命名。就像我们每人都有自己的相貌,也有自己的名字。提起某人的姓名,马上会联想到这个人的长相,人的相貌是人与人外在上最主要的区别。正是由这些带有具体相貌特征的颜色,使我们感受到这个五光十色、生机勃勃的彩色世界。我们可以把色相看作是颜色外表的华美肌肤,色相体现了颜色外向的性格。

除了采用命名的方法来表示颜色的色相之外,还可以采用更精确的方法来表示,这就是主波长表示法。何谓主波长?当我们用某一色光的波长来表示颜色的色相时,这一波长就称为该颜色的主波长。我们知道,光谱中不同波长的光都具有特定的颜色,色相是由刺激眼睛视网膜的光谱成分决定的。对单色光而言,色相完全取决于该种色光的波长。如色相为红色,其对应的色光波长是 700 nm,于是 700 nm 便是红色的主波长。再如黄色的主波长为 580 nm,其它色相也大都可以用主波长来表示。

值得注意的是,用主波长来表示色相时,只是表示这一颜色与光谱中某种波长的光给人以相同的色觉,并不说明二者的光谱成分一定相同。例如:光谱色中黄光可用主波长 580 nm 来表示。而与之色相一致的另一种黄色光则可能是用红光和绿光混合而成的,这时可用红(700 nm)+绿(546 nm)来表示。同样,后一种混合而成的黄色光还可以用 580 nm 代表。也就是说:同一色相,既可以用单色光的主波长来表示,也可以用另外的光谱色光相加来表示,它们的光谱成分不强求一致。另外还应注意,在日常生活和生产中,我们所接触的各种颜色,如绘画颜料、彩色油墨、彩色摄影中的颜色,都难以达到光谱色那样纯正的色相。

2. 人眼对色相的辨别能力

根据实验,正常色觉者在最好的观视条件下大约能分辨 180 种色相,其中包括光谱色相 150 种,再加上光谱中不存在的谱外色(品红色系)约 30 种。经长期的实践锻炼,与颜色打交道的专业人员,如画家、设计师、调色师等,分辨色相的能力超出上述范围。人眼视网膜上的视觉细胞对光谱中不同波长色光刺激的敏感性是不相等的。据实验结果人眼对某些波长的色光特别敏感,如波长为 494 nm 左右的青绿色光和波长为 585 nm 左右的橙黄色光,波长每相差 1～2 nm,正常色觉者即能分辨出来。对于 480～550 nm 光谱段的绿光,则需 3～4 nm 的变化,人眼才能区别。而对于光谱两端的红光和紫光,人眼对波长的改变辨别很迟钝,尤其是从 655～780 nm 的红光和 380～430 nm 的紫光区内,人眼几乎无法区分它们颜色上的差别。人眼对色相变化的分辨能力曲线如图 2-8 所示。

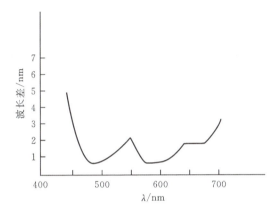

图 2-8 人眼对色相变化的分辨能力曲线

(二)明度

明度是颜色的第二种属性,也被称为主观亮度或明暗度。

1. 明度的定义及表示方法

明度是表示颜色明暗程度的特征量。对于无彩色而言,明度是它们最突出的特征。明度最高的色是白色,明度最低的色为黑色,白色与黑色之间存在着一个明度从高到低、从浅色到深色的灰色系列,也可以认为,白色与黑色是灰色系列的两个端点,如图 2-9 所示。

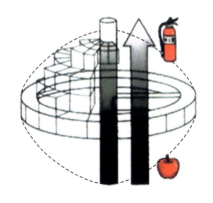

明度

图 2-9 明度

彩色明度又分为同色相明度与异色相明度两种类型。同一色相的颜色会因明度不同而形成一个颜色系列。异色相明度是指不同色相的颜色都有着自己的明度特征。在七色光谱中,明度由高到低的排列顺序是黄、橙、绿、青、红、蓝、紫。若将可见光谱的彩色光带拍成黑白影像,则各种色相的明暗关系立时可见。假定人眼对色彩感觉的明度以白色为100%,黑色为0,则实验测得光谱色的明度情况如表2-1所示。

表2-1 各光谱色的相对明度值

彩色	黄	橙	黄绿	青绿	青	红	蓝	紫
明度值/%	100	78.9	69.85	30.33	11	4.95	0.80	0
无彩色	白	白灰	浅灰	中灰	深灰	暗灰	黑灰	黑

明度在三属性中,具有较强的独立性,它可以不带任何色相特征而通过黑、白、灰的关系单独呈现出来。色彩一旦发生,明暗关系必会同时出现。例如:同一物体,它的彩色照片反映的是物体本身全部属性的颜色关系,即各部位的色相、明度和彩度三者的综合体现,而它的黑白照片则仅仅反映了物体颜色三属性中的明度关系。像黑白照片具有的这种抽象出来的明度关系,可以看作是色彩的骨骼,它是色彩结构的关键。

通常情况下,颜色的明度高低是由物体表面的光反射率大小来表示的。各种颜色明暗不同,是由于它们反射光量不同所致。反射光量大则明度高,反之明度则低。无彩色之间的区别实质上完全在于它们光反射率的大小。明度最高的白色,光反射率接近100%;明度最低的黑色,光反射率接近于0。不同深浅的灰色则具有介于黑、白两色之间的数值不等的反射率。

鲜艳的彩色随着无彩色成分的加入,原来鲜艳的彩色会发生一系列的明度变化。鲜艳的红色明度适中,在其中逐渐加大白色成分,光反射率会逐渐增大,颜色由红色变为浅红直至接近白色,明度升高。如在红色中加入黑色成分,则会使鲜艳的红色变为暗红、深红色,直至接近黑色,光反射率减小,明度降低。可见鲜艳的彩色会随着无彩色成分的加入而改变其明度。

2. 人眼对明度的辨别能力

人眼对物体明度的变化是很敏感的,可以观察到光反射率相差1%的明度变化。实验结果表明:人眼能够分辨明暗层次的数目在600种左右。明度是颜色的骨骼,是配色的关键。只有色相变化而没有明暗变化的画面,必定缺乏立体感和空间感,显得平淡呆板,了无生气。因此,在彩色应用及复制过程中,应重视颜色的明度特征。值得注意的是,人们对物体颜色明度的相

【动动脑】
参考各光谱色的相对明度值,思考公路上保洁人员穿橙色工作服和交警穿荧光绿工作服的原因。

对比较可以准确判断,甚至能觉察到反射率差别为1%时的变化,但要准确判断某一颜色的绝对明度却比较困难。另外当观察对象的亮度水平太大或太小时,分辨明度变化的准确性都会减弱。只有在亮度适中的场合,即照明条件最理想时,人眼的明度分辨力才处于最佳状态。此外,人们在观察颜色的明度特征时,还会受到观察对象背景颜色的影响。由于对象与背景之间的明度对比作用,往往会给观察者造成明度上的错觉。在调色过程中辨色时,要注意避免产生这种视错觉。

(三)彩度

彩度是颜色的第三种属性,又称为饱和度、纯度或鲜艳度。

1. 彩度的定义及表示方法

彩度是指颜色的鲜艳程度。我们的视觉能辨认出的有色相感的颜色,都具有一定的彩度。色彩越鲜艳,彩度就越大,如图2-10所示。光谱色是最纯净、最鲜艳的颜色,所以光谱色的彩度最大。白、灰、黑色等无彩色,只有明度特征,没有色彩倾向,它们的彩度等于零。

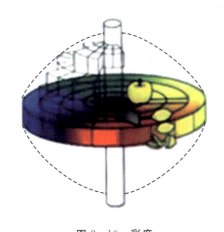

彩度

图2-10 彩度

如果向彩度大的颜色中加入无彩色成分,就会使该色的彩度变小。比如绿色中掺入白色时,仍是绿色相,但它的鲜艳程度即彩度变小了,明度提高了,成为淡绿色;当绿色中掺入黑色时,明度降低了,彩度也同时变小了,成为暗绿色;当绿色中掺入明度接近的灰色时,它的明度基本不变,但彩度却变小了,成为灰绿色。同一种色相的颜色,即使彩度发生微小的变化,也会立即带来色彩品质的变化。如果说,明度是颜色隐秘的骨骼,色相是颜色华美的肌肤和外向的性格,那么彩度则体现了颜色内在的品质。

彩度的一般表示方法是以颜色中含纯色(或单色光)成分的比例数来表示。也就是说,颜色彩度大小,取决于颜色中所含彩色成分与无彩色成分的比例关系。另外,还可用光谱反射率曲线来表示,因为颜色中所含彩色成分的多少,实质上是由颜色本身对入射光选择吸收和反射程度所决定的。颜色反射率越高,所含彩色成分越少,如图2-11所示,A曲线彩色成分就低于B曲线。

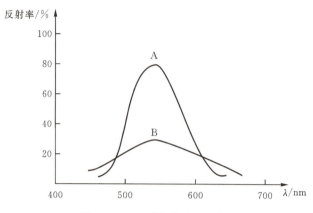

图2-11 两种颜色彩度比较

2. 人眼对彩度的辨别能力

在颜色的应用中,对颜色彩度的选择常是决定一种颜色的重要条件。一般说来,人眼对彩度的微小变化是很敏感的,但针对不同的色相,对彩度的辨别能力是有差别的。光谱色是所有颜色中彩度最大的颜色,但人眼对不同光谱色的辨别能力却并不相等。实验表明,在同样的照度下,人眼对彩度的分辨能力在光谱两端最为灵敏,当白光中加入0.1%的红光或紫光时就能为人眼所辨别。而在570 nm处的黄光区,人眼的分辨能力最差,需在白光中加入2%的黄光时人眼才能区分出彩度的变化。因此,在白纸上印黄色图文比其它颜色的更难以辨认。

人眼对彩度的辨别能力可用人眼分辨彩度级数的多少来测定。一般说来,人眼对黄色的分辨级数最少,只有4级。可分辨级数最多的是红色,可达25级。

能够影响人眼分辨颜色彩度的客观因素主要是彩色物体表面的光滑度。大多数物体都存在着表面反射,而表面反射多数是非选择性的。因此彩色物体的反射光分为两部分:一部分是经选择性吸收后反射出的色光,另一部分则是表面反射的白光。物体表面结构光滑时,表面反射光呈单向反射。如果对着反射光观察,色彩可以亮得耀眼。但只要避开这个角度从其它方向观察,就不会影响到物体色的彩度。表面粗糙的物体,对光的反射表现为漫反射,从任何角度去观察,都难以避开这种多向漫反射白光,它们冲淡了物体色的彩度。所以具有粗糙表面的物体色的彩度会降低。

(四)颜色三属性的相互关系

色相、明度和彩度是颜色的三属性,它们分别从三个不同侧面反映了颜色的基本特征。三者在概念上是各自独立的,但三者之间又是相互联

颜色三属性的相互关系

系、相互制约的。要具体描述一种颜色,必须同时确定颜色的三个特征,即该颜色的色彩相貌——色相,该颜色的明暗程度——明度,该颜色的鲜艳程度——彩度。如果其中某种属性发生了变化,则另外两种属性也会随之发生变化。下面我们简单地分析一下三者之间的主要关系。

1. 色相与明度的关系

同一色相的明度大小决定于所含黑、白成分的比例。如果含白色成分多,则明度高;如果含黑色成分多,则明度低。

不同色相的明度大小主要是由人眼三种感色细胞受光刺激量的总和所决定的。白色对各种波长的光反射率都很高,感色细胞受刺激量最大,所以白色明度最高;黑色对各色光的反射率很小,感色细胞受到的刺激量最小,所以黑色明度最低。光谱中其它各色根据光反射率大小及三种感色细胞对相应色光敏感性共同决定其明度大小。实验结果表明,常见色相的明度由大到小排列的顺序是白、黄、橙、绿、青、红、蓝、紫、黑。

2. 色相与彩度的关系

在自然界所有颜色中,光谱色是最鲜艳的颜色,即彩度最大的颜色。但光谱色中不同色相的彩度最大值是不一样的。实验证明:在光谱色中,红色、蓝色和紫色彩度很大,而黄色的彩度则很小,青色、绿色彩度居中。

3. 明度与彩度的关系

对同一色相来说,明度与彩度的变化是相互关联的。一般情况下,明度的变化常会引起彩度的变化,因为二者都与光反射率有一定关系。

只有在明度适中时,颜色的彩度才最大。当我们向某一颜色中加入白色,会使其明度升高,但彩度会变小;如向同一颜色中加入黑色,会使明度降低,彩度亦会减小。因此,当各种颜色由于无彩色成分的加入使明度升高或降低时,彩度都会随之减小。当颜色的明度趋于最大或最小时,此时的颜色已近似于白色或黑色,彩度也就趋近于零而难以鉴别了。

总而言之,颜色三属性既相互独立,又相互联系,分别从不同的角度来定性或定量地描述同一种颜色,以使我们对各种颜色达成共识。在此值得一提的是颜色中的彩色类都具有三属性,无一例外,而无彩色类一般说来则只具有明度这一种特性,而不具有色相和彩度这两种属性。

【哲学原理】

万事万物是彼此相互联系的,不是孤立存在。

任务总结

(1) 颜色的三属性：色相、明度和彩度。在孟赛尔体系中，色相为色立体的圆周方向；明度为色立体的中轴线方向；彩度为色立体的半径方向。

(2) 颜色三属性的相互关系各自独立又相互制约，牵一发而动全身，任何一个属性的变化都会引起其它两者的变化。

任务三　认识三属性表示方法

任务目标

(1) 能叙述孟塞尔色立体物体颜色标号；
(2) 具备良好的沟通能力和表达能力。

任务分析

知识引入

为了便于直观地理解颜色三属性的内在关系，人们先后设计了不同的空间几何模型来加以表示，如双锥形色立体、柱形色立体等，其中最为常见的是双锥形色立体。

(一) 双锥形色立体

双锥形色立体又名枣核形色立体，如图 2-12 所示。在这个三维空间的双锥形色立体中，中央纵轴表示颜色的明度，上白下黑，中间是一系列中性灰色，分为不同的明度等级，称为明度轴。光谱色在水平剖面的圆周上按一定顺序排成色相环，将品红色置于红色和紫色之间。圆环的中心是无彩的灰色，各级灰色的明度同平面圆周上各种色相的明度相同。色立体中的横轴表示彩度，中央轴上彩度为 0，由中央轴向外颜色的彩度增大，距中央轴最大的圆周上的颜色是彩度最大的颜色。任一种颜色，都可根据特定的三属性，在此色立体中找到自己对应的空间位置。

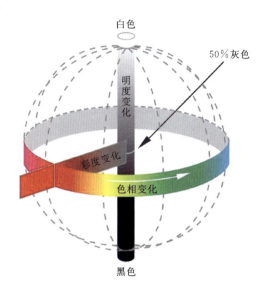

双锥形色立体

图 2-12 双锥形色立体

应该指出的是，这个双锥形色立体只是一个理想化的示意模型，目的是为了使人们更容易理解颜色三属性的相互关系。实际上，彩度最大的黄色和蓝色并不在最大的圆周上，黄色在中等明度偏上的地方，而蓝色则在中等明度偏下的地方。中央的色相圆环平面应略有倾斜。而且由于各光谱色彩度大小有差异，所以色相环也并非一个标准的圆环。

目前国际上普遍采用的孟塞尔色立体，同样是以颜色三属性为基础而建立的颜色体系，它更接近真实的颜色关系。

（二）孟塞尔色立体

孟塞尔色立体是一个三维空间的、近似球体的不规则模型，它将各种能由稳定的颜料配制出来的颜色按色相、明度、彩度的一定顺序全部表示出来，并给每一特定部位的颜色以一定的标号，如图 2-13 所示。即颜色立体的每一个点都对应着一种能实现的颜色，同样，任何一种实际的颜色都能按其色相、明度、彩度的等级，在色立体中找到一个对应的位置点。在孟塞尔色立体中央有根表示明度的纵轴，它所表示的明度称为孟塞尔明度；在明度轴的周围分布着不同的色相，称为孟塞尔色相；由明度轴向外的水平距离表示颜色的彩度，距离远近表示的彩度值称为孟塞尔彩度。

孟塞尔色立体

【动动手】

自己动手制作双锥色立体，并标上色相、明度和彩度。

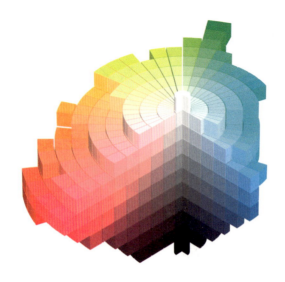

图 2-13 孟塞尔色立体

1. 孟塞尔色相

孟塞尔色相（Hue，记为 H）是指在围绕着色立体中央轴的水平剖面上排列着的 10 种基本色相所组成的色相环，如图 2-14 所示。

在色相环 10 种基本色相中，共有 5 个主色和 5 个间色：

5 主色为红（R）、黄（Y）、绿（G）、蓝（B）、紫（P）。

5 间色为黄红（YR）、绿黄（GY）、蓝绿（BG）、紫蓝（PB）、红紫（RP）。

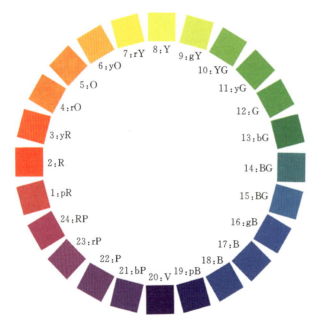

孟塞尔颜色图册

图 2-14 孟塞尔色相环

为了对色相做进一步的细致划分,在每两个基本色相之间再作等分,得到10个再间色。在每两个再间色之间划分为10等份,则10种基本色相都排在第5号上,一律记为5R、5YR、5Y、……10种再间色都排在第10号上,记为10R、10YR、10Y、……经过上述几次划分,我们得到了100个等分的色相环,也称为国际照明委员会色系。其中的所有第5号颜色都是具有代表性的纯正的颜色,如5R是纯正的红色,1R、2R则偏紫色,8R、9R则偏黄色。孟塞尔色相中的10种基本色相对应的主波长见表2-2。

表2-2 孟赛尔色相中10种基本色相的主波长

色相(H)	5R	5YR	5Y	5GY	5G	5BG	5B	5BP	5P	5PR
色名	红	黄红	黄	绿黄	绿	蓝绿	蓝	蓝紫	紫	紫红
波长/nm	660	588	578	565	505	493	482	472	－560	－510

2. 孟塞尔明度

在孟塞尔色立体上,中央纵轴代表无彩的黑色系列的明度值。白色在轴的顶部,黑色则在轴的底部,如图2-15所示。理想白色定为10,理想黑色定为0,则孟塞尔明度值(Value,记为V)由0~10共分为11个在视觉上等距离(等明度差)的等级。在实际使用过程中,由于明度为0的理想黑色和理想白色是不存在的,通常只使用明度值1~9级。

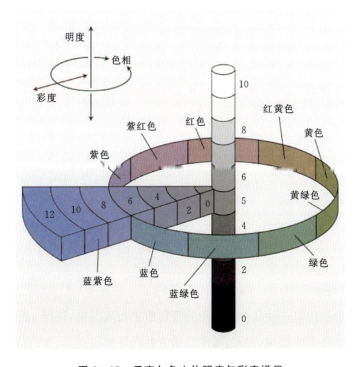

图2-15 孟塞尔色立体明度与彩度梯尺

在色立体中,同一水平面上所有颜色的明度值相等,都是该平面中央轴上无彩色的明度值。从明度轴第 5 级向外排列的颜色尽管色相或彩度不同,但明度值都等于 5。在印刷及摄影过程中,通常把画面上明度值在 9～7 级的层次称为亮调,6～4 级称为中间调,3～1 级称为暗调。

3. 孟塞尔彩度

在孟塞尔色立体中,颜色样品离开中央轴的水平距离代表孟塞尔彩度（Chroma,记为 C）的大小,表示这一颜色与相同明度值的无彩色之间的差别程度。孟塞尔彩度也分为许多视觉上等差的等级。中央轴上的无彩色彩度为 0,离开中央轴越远,彩度数值越大。彩度值通常分别用 2、4、6、8、…、20 等偶数来表示,奇数彩度空着备用。不同色相的颜色所达到的彩度最大值是不同的,个别颜色彩度可达到 20。如果今后通过新的工艺技术得到彩度更大的颜色,也可以非常容易地将这个新色样加入图中相应位置。另外,同一色相的颜色在不同明度值时彩度等级也不相同。一般的颜色在明度值适中时彩度最大,有的颜色则不然,例如黄色是在较高明度值时彩度最大,这就使孟塞尔色立体无法成为规则的球体,而近似一个纺锤。十种基本色相的最大彩度分布情况见表 2-3。

表 2-3 孟塞尔色立体最外层颜色的色相和彩度

色相	彩度						
	明度2	明度3	明度4	明度5	明度6	明度7	明度8
5R	6	10	14	12	10	8	4
5YR	2	4	3	10	12	10	4
5Y	2	2	4	6	8	10	12
5GY	2	4	6	8	8	10	8
5G	2	4	4	8	6	6	6
5BG	2	6	6	6	6	4	2
5B	2	6	8	6	6	6	4
5PB	6	12	10	10	8	6	2
5P	6	10	12	10	8	6	4
5RP	6	10	12	10	10	8	6

4. 孟塞尔颜色标号

孟塞尔色立体中的任何一种颜色均可用符号和数字表示出来,任何一种不透明的颜色也同样可以用孟塞尔色立体中的色相、明度、彩度三项坐标进行标定,标定方法是按下列顺序给予相应的颜色标号。

(1)彩色标号：$HV/C=$色相×明度/彩度。光标出色相 H,再写出明度值 V,在明度值后画一斜线，然后注明彩度值 C。例如：标号 5R4/14 所表示的颜色是色相为纯正的红色；明度值为 4，明度适中；彩度值为 14。对照表 2-3 可知，这是一种彩度为最大值的鲜艳的红色。再比如标号 10Y8/12 中 10Y 是再间色色相，是基本色相黄与绿黄的中间色，明度值为 8，彩度值为 12。该色是明亮的，很鲜艳的黄色。

(2) 无彩色标号：NV/= 中性色明度/。无彩色的黑白系列又被称为中性色（Neutral），用"N"表示。在中性色代号 N 之后写出明度值 V，因为中性色只有明度值，没有色相和彩度属性，所以斜线后不必写彩度值。例如，明度值等于 5 的中灰色写作：N5/。标号 N1/表示明度值极小的黑色，N9/则表示明度值很大的白色。N0/和 N10/分别代表理想黑色和理想白色。彩度值低于 0.3 的微彩灰色，一般也按中性色标定。假如要对这类中性色进行精确标定的话，可以用标号：NV/(H,C) 来表示。例如，标号为 N7/(R,0.2) 表示的是一种略带红味的浅灰色。

由于孟塞尔颜色标号是由色相、明度、彩度组合表示颜色，所以孟塞尔表色系统表色法又称为 HVC 表色法，这种表色法是目前国际上通用的一种表色法。例如，奥运会会旗上五环的颜色标号如图 2-16 所示。

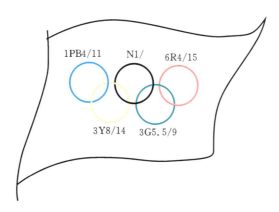

图 2-16 奥运会会旗上五环的颜色标号

【动动脑】
奥运五环是哪五种颜色？
每种颜色象征的含义是什么？

【动动手】
参考图 2-16 在白纸上绘制奥运五环。根据颜色标号，请在五环涂上相应的颜色。

任务总结

(1) 彩色标号：HV/C＝色相×明度/彩度。
(2) 无彩色标号：NV/＝中性色明度/。

任务四　认识颜色的命名

任务目标

(1) 能叙述颜色的分类标准及命名规则；
(2) 具备良好的沟通能力和表达能力。

任务分析

知识引入

在日常生活和生产中，为了区别颜色和便于交流，在要求不甚严格的情况下，人们经常使用一些颜色的名称。通常颜色命名方法有两种：习惯命名法和一般命名法。

（一）习惯命名法

习惯命名法是人们通过长期生活中形成的色彩感受，约定俗成的一种颜色命名方法。人们充分利用生活中所熟悉的各种事物，并通过一定的联想，使特定的事物与颜色形成一种固定的对应关系，便于人们对颜色的理解、记忆和交流。

颜色命名方法

(1) 以植物颜色命名。可分别以植物的叶、茎、花、果实等色来加以命名。如葱心绿、草绿、棕色、麦秆黄、桃红、迎春黄、杏黄、枣红、橄榄绿、柠檬黄等。
(2) 以动物颜色命名。如孔雀蓝、鹅黄、鸭蛋青、乳白、象牙白、鱼肚白、驼色、鼠灰色等。
(3) 以自然界其它物质颜色命名。如天蓝、土黄、月白、金黄、银灰、铁灰、雪白等。

颜色的习惯命名法由来已久，虽然不十分精确，但由于使用了人们生活中熟悉的事物以对照联想，所以用起来简单方便，在生活中被广泛使用。但是此法美中不足的是有局限性且不甚精确。我国各地物产及生活习俗多有不同，加上地域、季节、气候及观察者职业等多种因素的影响,在对颜色的理解上常有出入。比如橄榄绿、柠檬黄,南方人对这些颜色容易意会,北方地区没见过这些水果的人则难以想象。再比如草绿色、桃红色,草是指春天的小草还是夏天的老草？桃花是刚开之花还是将谢之花？都颇为费解。总之,习惯命名法优点是简便、生动又形象,缺点则是不精确,有局限性,在需要科学用色的颜色调配领域则不完全适用。

(二)一般命名法

一般命名法又名系统命名法,是一种比较科学的颜色命名方法。一般命名法是在基本色相名称前加上明度和彩度的修饰词,对颜色做定性又大致定量的命名,可以认为一般命名法是建立在颜色三属性基础上的相对精确的命名方法。

1. 无彩色类的命名原则

首先确定无彩色类的色相名:白色、灰色、黑色。其中白色与黑色的情况比较简单,它们分别是明度最大和明度最小的颜色,而灰色的情况就要复杂许多,它会有一系列的明度变化,也就需要一些明度修饰词。常用的明度修饰词有:极明、明、中、暗、极暗共五种。将色相名与明度修饰词结合可得如下组合方式:

灰色色名＝明度修饰词＋灰色

由这个组合方式可以产生以下常见灰色名称:极明的灰色、明灰色、中灰色、暗灰色、极暗的灰色。

对于彩度极小、近似于无彩色的颜色,可以在无彩色色名前再加上其色彩倾向的修饰词。常用的偏色名称有:微红的、微黄的、微绿的、微蓝的、微紫的等。可以构成微彩的灰色名如:微红的明灰色、微蓝的暗灰色、微黄的中灰色等。

2. 彩色类的命名原则

彩色类因为比无彩色多了"色相"和"彩度"两个属性,所以首先要确定基本色相,然后在基本色相名称前除了明度的修饰词外,再加上彩度的修饰词。彩色的基本色相名为下列十种:红色、橙色、黄色、绿色、青色、蓝色、紫色。

明度修饰词常用的有:极明、明、中、暗、极暗。彩度修饰词常用的有浅(或淡)、中、深,一般可省略"中"字。

彩色色名＝明度或彩度修饰词＋基本色相名

根据颜色的具体情况,明度和彩度的修饰词不一定同时用,也可只用一个,也可都不用。例如:暗的深绿色、极明的浅红色、浅黄色、深蓝色、浅紫蓝色等。

需要注意的是,有时还可用色名来做修饰词,如黄绿色、紫红色。这里的色相修饰词只能用来修饰它在光谱中相邻的色相,如"黄"可以修饰"红""绿",却不能修饰与它不相邻的蓝、紫色。换句话说,"黄绿色"是绿中偏黄的颜色,如果是"黄蓝色"或"黄紫色"就成为无中生有的笑谈了。

总之,一般命名法是一种比习惯命名法更精确的命名方法,我们在辨色、用色场合经常使用这些色名进行讨论和交流,它使我们能比较准确地描述常见的颜色。但它也存在一定的局限性,仍无法对所有的颜色做恰如其分的描述。

(1)颜色命名方法一:习惯命名法。可以植物颜色命名,以动物颜色命名,以自然界其它物质颜色命名。

(2)颜色命名方法二:一般命名法。灰色色名=明度修饰词+灰色;彩色色名=明度或彩度修饰词+基本色相名。

实训　颜色辨识实验

实训描述

【任务说明】

学习者深刻理解颜色的三属性,即色相、明度和彩度,理解色相、明度和彩度三者的关系,为后边调色打下坚实的基础。

【任务目标】

(1)能感知颜色特性三属性的差别,并能分析三属性的区别与联系;

(2)具备良好的沟通能力和表达能力;

(3)具有与他人密切合作,规范安全地完成学习活动的能力;

(4)培养不怕吃苦、不怕累、热爱劳动的精神。

【任务分析】

物料准备要求见表2-4。

表 2-4 物料准备要求

序号	名称	规格及技术要求	数量	类别
1	色彩基础培训教材	NCS 色彩培训教材	4	工具
2	新版色彩能力手顺书	一般财团法人日本色彩研究所研制色彩能力手顺书	1	工具
3	白纸	A4 规格	4	耗材

实训实施

（一）作业前穿戴防护用品

本次实训不需要穿戴防护。

（二）准备工具、耗材

准备色彩基础培训教材 4 套，新版色彩能力手顺书（图 2-17）1 套及 A4 纸 4 张。

图 2-17 新版色彩能力手顺书

（三）实验

1．颜色排列练习

（1）如图 2-18 所示，请参照颜色环将颜色卡排列成环状。

【岗位小贴士】
(1)要有大局意识，确定四个主要颜色，再分类排列。
(2)分辨时需要在良好的照明条件下，且不能凝视太久，避免颜色的适应性。

(2)如图 2-19 所示,请用颜色卡片在图 2-19 上排列出 11 个明度等级。

(3)如图 2-20 所示,请用颜色卡片排列出彩度等级的变化。

①由鲜艳到浑浊排列;

②由浑浊到鲜艳排列。

图 2-18 色相练习

图 2-19 明度练习

图 2-20 彩度练习

2. 颜色属性辨识练习

(1)色相辨识练习。

如图 2-21 所示,请使用卡片对照样板,将你辨识出的卡片中间位置色相数值记录到 A4 纸上。每人分辨 5 张卡片,小组成员可以取不同的卡片多次练习,成员之间互相考核。

(2)明度辨识练习。

如图 2-22 所示,请使用卡片对照样板,将你辨识出的卡片中间位置明度数值记录到 A4 纸上。每人分辨 5 张卡片,小组成员可以取不同的卡片多次练习,成员之间互相考核。

图 2-21 色相变化练习

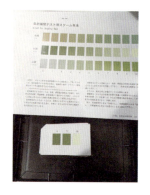

图 2-22 明度变化练习

【岗位小贴士】

团队直接互相考核,通过与他人协同合作,培育团队精神。

(3)彩度辨识练习。

如图2-23所示,请使用卡片对照样板,将你辨识出的卡片中间位置彩度数值记录到A4纸上。每人分辨5张卡片,小组成员可以取不同的卡片多次练习,成员之间互相考核。

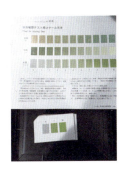

图2-23 彩度变化练习

3. 辨析颜色练习

如图2-24所示,辨析卡片上颜色A和B的差异,说出颜色A和B之间的差异。

思考并讨论:如果令A颜色变为B颜色,应当如何改变色相、明度和彩度?

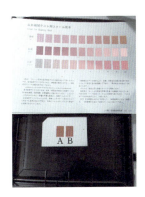

图2-24 颜色A和B

(四)现场整理

如图2-25所示,实验结束,整理现场,做好现场5S。

(1)将实训台恢复原状。

(2)颜色训练手册归位。

(3)回收A4纸,完成现场5S。

图 2-25 工具归位

(1)颜色三属性包含色相、明度和彩度。
(2)颜色三属性中任何一个属性变化,其它属性都会跟着变化。

【劳动佳句】

灵感不过是顽强的劳动而获得的奖赏。

——列宾

实训任务书

【实训任务记录】

(一)作业前穿戴防护用品

(二)准备工具、耗材

(三)颜色三属性认知

1. 步骤一:颜色排列练习(共15分,每题5分)

(1)请勾选你排列颜色环的情况。

□正确　□错误

(2)请勾选你排列明度轴的情况。

□正确　□错误

(3)请勾选你排列彩度等级的情况。

□正确　□错误

2. 步骤二:颜色属性辨识练习(共15分,每题5分,选第二项扣2分,选第三项扣5分)

(1)请勾选你辨识色相的情况。

□全部正确　□错1~2张　□错3~5张

(2)请勾选你辨识明度的情况。

□全部正确　□错1~2张　□错3~5张

(3)请勾选你辨识彩度的情况。

□全部正确　□错1~2张　□错3~5张

3. 步骤三:辨析颜色练习

请你辨析卡片差异,将讨论结果记录如下。(共30分,每项10分)

(1)如何改变色相?

_____

_____

(2)如何改变明度?

_____

_____

(3)如何改变彩度?

_____

_____

(四)现场整理

个人自评表

班级		组名		姓名		日期	年　月　日
评价指标	评价内容					分值	分数
信息检索	能有效利用网络、图书资源、工作手册查找有用的相关信息等；能用自己的语言有条理地去解释、表述所学知识；能将查到的信息有效地传递到工作中					10分	
感知工作	熟悉工作岗位，认同工作价值；在工作中能获得满足感					10分	
参与态度	积极主动参与工作，吃苦耐劳，崇尚劳动光荣、技能宝贵；与教师、同学之间相互尊重、理解；与教师、同学之间能够保持多向、丰富、适宜的信息交流					10分	
	探究式学习、自主学习不流于形式，处理好合作学习和独立思考的关系，做到有效学习；能提出有意义的问题或能发表个人见解；能按要求正确操作；能够倾听别人意见、协作共享					10分	
学习方法	学习方法合理，有工作计划；操作技能符合规范要求；能按要求正确操作；获得了进一步学习的能力					10分	
工作过程	遵守管理规程，操作过程符合现场管理要求；善于多角度分析问题，能主动发现、提出有价值的问题					15分	
学习态度	能发现问题、提出问题、分析问题、解决问题、创新问题					10分	
自评反馈	按时保质完成工作任务；较好地掌握了专业知识点；具有较强的信息分析能力和理解能力；具有较为全面严谨的思维能力，并能条理清楚地表达成文					25分	
	自评分数					100分	
有益的经验和做法							
总结反馈建议							

小组互评表

班级		被评小组		日期	年　月　日	
评价指标	评价内容			分值	分数	
信息检索	该组能有效利用网络、图书资源、工作手册查找有用的相关信息等			5分		
	该组能用自己的语言有条理地去解释、表述所学知识			5分		
	该组能将查到的信息有效地传递到工作中			5分		
感知工作	该组能熟悉工作岗位,认同工作价值			5分		
	该组成员在工作中能获得满足感			5分		
参与态度	该组与教师、同学之间相互尊重、理解、平等			5分		
	该组与教师、同学之间能够保持多向、丰富、适宜的信息交流			5分		
	该组能处理好合作学习和独立思考的关系,做到有效学习			5分		
	该组能提出有意义的问题,或能发表个人见解;能按要求正确操作;能够倾听别人意见、协作共享			5分		
	该组能积极参与,在实操过程中不断学习,综合运用信息技术的能力得到提高			5分		
学习方法	该组的工作计划、操作技能符合现场管理要求			5分		
	该组获得了进一步发展的能力			5分		
工作过程	该组遵守管理规程,操作过程符合现场管理要求			5分		
	该组成员能完成任务,善于多角度分析问题,能主动发现、提出有价值的问题			20分		
学习态度	该组能发现问题、提出问题、分析问题、解决问题、创新问题			5分		
自评反馈	该组能严肃认真地对待自评,并能独立完成自测试题			10分		
	互评分数			100分		
简要评述						

教师评价表

班级			组名			姓名		
评价内容	评价要点	考查要点		分值	评分标准			分数
任务描述、接受任务	口述内容细节	(1)表述仪态自然、吐字清晰		2分	表述仪态不自然或吐字模糊扣1分			
		(2)表达思路清晰、层次分明、准确			表达思路模糊或层次不清扣1分			
任务分析、分组情况	依据流程分组分工	(1)分析流程关键点准确		3分	表达思路模糊或层次不清扣1分			
		(2)涉及理论知识回顾完整，分组分工明确			知识不完整扣1分，分工不明确扣1分			
制订计划	制订实施流程	准确制订操作流程		10分	错误一步扣1分，扣完为止			
计划实施	实验前准备	设备工具准备		5分	每漏一项扣1分			
	颜色三属性认知	任务实施记录		60分	见实训任务书			
	现场恢复	(1)回收工具耗材		3分	每漏一项扣1分，扣完为止			
		(2)场地5S工作		2分	每违反一项扣1分，扣完为止			
总结	任务总结	(1)依据自评分数		2分	—			
		(2)依据互评分数		3分	—			
		(3)依据个人总结评分报告		10分	依据总结内容是否到位酌情给分			
合　计				100分				

习题巩固

1.影响物体色的因素（　　）。
A.光源色　　　　　　　　　B.环境色
C.固有色　　　　　　　　　D.光源色、物体色、固有色综合而成

2.颜色与颜色的区别主要体现在（　　）
A.色调　　　　B.明度　　　　C.彩度　　　　D.环境色

3.我们看到的红花绿叶属于_____成色。
A.吸收　　　　B.干涉　　　　C.色散　　　　D.散射

4.透明体呈现彩色是属于_____成色。
A.吸收　　　　B.干涉　　　　C.色散　　　　D.散射

5.反射率大于_____的物体我们称为白色。
A.60%　　　　B.65%　　　　C.70%　　　　D.75%

项目三 认识色光加色法

 概述

颜色可以相互混合,两种以上不同的颜色相互混合,便会产生新的颜色。这种现象在日常生活和生产中经常出现,并有着重要的意义。颜色混合既可以是色光的混合,也可以是颜料或染料的混合,这两种混合方法所得到的结果是完全不同的。通常我们把色光的混合方法称为色光加色法。

本项目主要学习:认识色光三原色、色光加色法认知、色光混合规律认知、色光加色实验。

 目标

1. 知识目标

(1)能复述色光三原色的确定过程和原则;

(2)能举例说明色光静态混合与动态混合的区别;

(3)能叙述色光加色混色规律。

2. 能力目标

能用红、绿、蓝三滤色镜做三原色光的混色实验。

3. 素质目标

(1)培养刻苦钻研的敬业精神;

(2)具备良好的沟通能力和表达能力;

(3)具有与他人密切合作和规范安全地完成学习活动的能力;

(4)培养不怕吃苦、不怕累、热爱劳动的精神。

任务一　认识色光三原色

任务目标

(1)能复述色光三原色的确定过程和原则；
(2)具备良好的沟通能力和表达能力。

任务分析

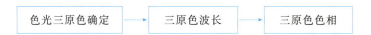

知识引入

由前面的色散实验可知：白光通过三棱镜后会分解为红（R）、橙（O）、黄（Y）、绿（G）、青（C）、蓝（B）、紫（P）等七种单色光，它们分别可由括号中的大写英文字母来代表。这七种单色光不能再分解，但可以重新混合再组成白光，这一点也已在色散系列实验中得到了证明。但如果让我们用独立的七种单色光重组白光，达到与标准白光相匹配，却不是一件轻而易举的事。科学家们针对这个问题进行了大量的实验和研究工作，终于找出了最基本的答案。

(一) 色光三原色的确定

经过对可见光谱及人的视觉生理特性不断深入分析和研究，并在反复实验的基础上，科学家们最终确定了色光的三原色，也叫加色法的原色。

如果对色散后得到的鲜艳清晰的可见光谱仔细审视，我们会发现各单色光所占的波长范围宽度是不相同的。比较突出的是红光、绿光和蓝光，这三种并不相邻的单色光所占的区域较宽，而其余如橙、黄、青、紫等色光所占的区域则相对较窄。在色散实验中，如果我们适当地调整棱镜的折射角度，还会发现当色散不太充分时，即七种单色光没有同时都清晰地显现时，屏幕上最醒目的就是红光、绿光和蓝光，其余几种单色光会减退甚至几乎消失。此时这三种明显的单色光所对应的光谱波长范围是蓝光 400～470 nm，绿光 500～570 nm，红光 600～700 nm。

色光三原色的确定

从光的物理刺激角度出发，人们首先选定了以上这三种在光谱中波长范围最宽、最鲜明、最突出的单色光——红光、绿光、蓝光作为基本单色光。

通过对视觉生理的深入研究，人们又进一步发现：红光、绿光和蓝光这三种单色光与人的视觉生理条件有着密切联系。根据颜色视觉理论,人的每个视网膜上分布着约 700 万个感色锥体细胞,它们又可分为三种类型:感红细胞、感绿细胞和感蓝细胞,分别对红光、绿光和蓝光反应灵敏。当它们三者接受了不相等的光刺激,各自产生程度不等的兴奋时,就会形成相应的颜色感觉。由此可见,从人的视觉生理角度来分析,能分别引起人眼中感红、感绿、感蓝三种感色细胞兴奋的三种单色光——红光、绿光、蓝光应该作为色光中的基本单色光。

为了证明这种推理,人们做了大量的色光混合实验。最早成功的是麦克斯韦。他利用红光、绿光和蓝光这三种单色光在白色屏幕上混合出了黄光、青光和白光。甚至用红光和蓝光还可以混合出光谱上没有的品红色光。通常我们也把品红光(M)称为谱外色。与此相反的实验是用其它的任何色光以各种不同方式试图混合出红光、绿光和蓝光,却没有成功,包括用这三种单色光中任意两种混合出第三种也终归失败。

综上所述,根据光的物理刺激特点、人的视觉生理特性及大量色光混合实验结果,红光、绿光、蓝光这三种单色光以不同比例相混合,可以得到其余的所有色光,而它们三者却是不能由任何其它色光混合得到的。因此,我们将红光、绿光、蓝光确定为色光三原色,又简称为三原色光。

(二)色光三原色的波长与色相

对于我们反复验证后所确定的红光、绿光、蓝光这三种原色光来说,每种色光在可见光谱中都有一个比较大的波长范围,而其余几种单色光的波长范围较窄。在这些色与色之间颜色是渐变的,没有明显的界线。光谱上由一种颜色均匀地过渡到另一种颜色。另外人眼的视网膜在接受不同光刺激时,对光谱的每一波长所产生的刺激,三种细胞各有自己特定的兴奋水平,三种细胞不同程度的同时活动就会产生相应的色觉。例如,当我们用单色光匹配白光时,同样是红光、绿光和蓝光,却会出现多种组合。由实验可知,下列波长的色光等量混合的结果都是白光(W):

色光三原色的波长与色相

红光+绿光+蓝光=白光

700 nm+546 nm+436 nm=W

650 nm+530 nm+460 nm=W

630 nm+528 nm+475 nm=W

为了统一对三原色光的认识标准,CIE 于 1931 年规定:标准色光三原色的代表波长是:红光(R)700 nm,绿光(G)546.1 nm,蓝光(B)435.8 nm。

如将三种原色光从明亮程度上加以比较,就会发现:亮度最大的是绿光,红光居中,蓝光亮度最小。据测定,色光三原色的亮度比例关系为:

$R:G:B=1:4.5907:0.0601$

既然这三种原色光按一定比例能混合出自然界中所有的颜色,那么我们可以采用摄影的方法分别记录下原来物体色中所包含的三原色光的比例,最后再把这三个记录结果合成为原来的颜色,这也就是照相分色和彩色印刷的基本原理。

任务总结

通过科学实验发现,红光、绿光、蓝光在光谱中波长范围最宽、最鲜明、最突出,且这三种单色光以不同比例相混合,可以得到其余的所有色光,而它们三者却是不能由任何其它色光混合得到的,因此将其确定为三原色光。三原色光的代表波长是:红光(R)700 nm,绿光(G)546.1 nm,蓝光(B)435.8 nm,其色相为红、绿、蓝。

任务二　色光加色法认知

任务目标

(1)能举例说明色光静态混合与动态混合的区别;
(2)培养刻苦钻研的敬业精神;
(3)具备良好的沟通能力和表达能力。

任务分析

加色法定义 → 加色法实质 → 加色混合分类

知识引入

当两种或两种以上色光同时刺激视网膜的同一部位时,我们的眼睛不具备将它们单独分开的本领,却具备较强的合色能力,最后在大脑中所产生的是一种不同于原来色光的新的色觉。同样,如果由两种以上的色光快速交替地连续刺激视网膜同一部位,也会产生上述的结果。这实际上是两种不同方式的色光混合的过程。

(一)色光加色法定义

按红、绿、蓝三原色光的加色混合原理生成新色光的方法被称为色光加色法,也简称为加色法或加色混合。

1860年麦克斯韦采用红、绿、蓝三种原色光部分重叠的投射方式,在暗室中的白色屏幕上得到了色光加色混合的有代表性的结果,三原色光中任意两种色光进

色光加色法定义

行等量混合,可以分别得到黄光(Y)、品红光(M)和青光(C),如图3-1所示。

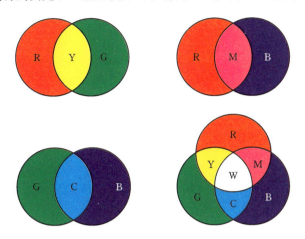

图3-1 色光等量混合效果

原色光加色混合效果可由下式表示：

$$红光+绿光=黄光 \quad R+G=Y$$

$$红光+蓝光=品红光 \quad R+B=M$$

$$绿光+蓝光=青光 \quad G+B=C$$

如果两种原色光以不同比例混合,就会得到一系列渐变的混合色光。以红光与绿光混合为例：两种色光等量混合时得黄光,然后红光比例不变,逐渐减少绿光比例,便可以看到由黄→橘黄→橙→红等一系列颜色变化；反之,绿光比例不变,使红光比例逐渐减少,又会看到黄→黄绿→嫩绿→绿等一系列颜色变化。在上述过程中,混合色光的颜色总是倾向于比例大的那种颜色。当三原色光等量混合时,就可以得到白光,如图3-1中三原色重叠的中间部分。可表示为：

$$红光+绿光+蓝色=白光 \quad R+G+B=W$$

如果三原色光逐渐等量减少,则会得到一系列由浅渐深的灰色,也可以认为是由明逐渐转暗的白光。

如果三原色光不等量混合。便会得到更丰富的颜色混合效果。总之,将三原色光按色光加色法混合后,便可以产生自然界中的所有色光。我们现实生活中,加色混合现象随处可见。例如：我们经常看到的清晨的朝霞与傍晚的晚霞,便是由大气层、云层、人的地理位置等因素变化而造成的非人为的加色混合效果。城市中繁华闹市区的夜晚,各色灯光交相辉映,呈现出五光十色、美不胜收的夜景,也是色光加色混合的结果。另外,彩色电影和彩色电视也是色光加色法呈色的应用实例。

(二)色光加色法的实质

当我们将加色混合得到的新色光与参与混合的原色光相比较时,会发现新色光总是比原色光更亮。例如：红光与绿光等量混合后得到的是黄光，黄光明显地比红光和绿光都亮；品红光也比红光和蓝光亮；同样青光比组成它的绿光和蓝光都亮；三原色光等量混合所组成的是白光，显然白光亮于任一原色光。

为什么色光相加会越加越亮呢？

参与加色混合的每一种色光都具有一定的能量。光既是一种电磁波，又是由许多具有能量的光量子组成的一种物质。波长不同时，光量子具有的能量也不同。波长越短，能量就越大。当具有不同能量的色光相混合时，就会导致混合后的新色光具有新的能量值。

通常，由光源发出的不同色光直接混合时，新色光的能量是参与混合的各色光的能量总和。由于能量值的增大，使得新色光的明亮程度提高。由此可见，色光加色法的实质是色光相加后，色光能量增加，所以，加色混合的结果是得到能量值更高的、更明亮的新色光。简言之：色光相加，能量相加，越加越亮。

色光加色法的实质

(三) 加色混合的分类

色光加色混合按不同的分类标准可以分为不同类型。

按光源种类不同可分为直接光源的加色混合和间接光源的加色混合。

按色光对人眼的刺激方式不同可分为静态混合与动态混合两类。

按人眼的感受程序不同可分为视觉器官内的加色混合与视觉器官外的加色混合。

加色混合的分类

究其实质，上述这些不同类型的加色混合方式既有区别又有联系，甚至还有重合。我们主要介绍按人眼的感受情况划分的两种类型。

1. 视觉器官外的加色混合

所谓视觉器官外的加色混合是指两种以上的色光在作用于人的视觉器官之前已混合成为新色光的呈色现象。此种类型中最为常见的例子是日光。日光是由各种不同波长的单色光混合而成的复色光，我们如果不借助于三棱镜之类的色散仪器，仅用肉眼是难以分辨出单色光的。可以说日光是在作用于人眼之前已先行混合好的，各单色光的能量已经互相叠加在一起，各单色光对人眼的刺激也是同时进行的。

另外，人们在对颜色进行研究中所做的颜色匹配实验也属于此类。把两种颜色调节到视觉上相同或相等的过程叫作颜色匹配。进行颜色匹配时，必须通过色光相加混合的方法。如图3-2所示，用不同的颜色光照射在白色屏幕的同一位置上，即白屏幕的中上部位，可以是红光、绿光和蓝光三种原色光。在相邻的中下部位则投射一束作为匹配标准色的白光（也可以是其它色光如黄光、品红光）。

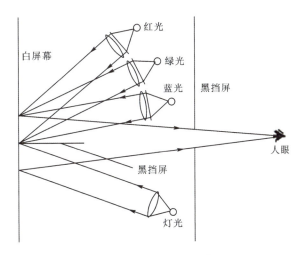

图 3-2 颜色匹配实验

在实验过程中,通过调节三原色灯光的比例,最终混合出与中下部位白光在视觉上相同的复色白光。新色光是在视觉器官外即在屏幕上先混合后才反射于人的视网膜上。此时,作用于人眼的是各色光刺激量的总和。如果中下部投射一束品红光作为匹配标准的话,则可关闭绿色光源,只通过红光与蓝光相混合,便可匹配出与标准色光相同的品红光。同理,可得许多新色光。视觉器官外的加色混合也叫作直接光源加色混合。

2. 视觉器官内的加色混合

如果参加混合的各色光分别作用于人的视觉器官后才使人产生新的色觉,这种成色过程叫作视觉器官内的加色混合。这种在人的视觉器官内所进行的加色混合又可分为两种形式:一种是静态混合,一种是动态混合。

(1)静态混合。我们知道,一个物体在视网膜上投影的大小,除了取决于物体本身的大小外,还取决于物体与眼睛的空间距离。同样面积的色块,当它离眼睛近时,在视网膜上的投影就大;当它离眼睛远时,在视网膜上的投影就小。当几种不同颜色的线条、点、色块的形状并列在一起,而观视者相距较远或颜色的面积较小时,人的眼睛便无法准确分辨这些静态颜色之间的界限。反射的各色光同时作用于人眼内的三种感色细胞时,就会产生一种综合的色觉。这种处于静态下的两种以上并列颜色反射出的色光,同时作用于人眼产生综合色光的过程叫作视觉器官内的静态混合。由于这种色光混合受空间距离影响,所以也被称为空间混合。

(2)动态混合。在人眼内部进行加色混合的另一种形式是色光的动态混合。由两种以上色光迅速交替地作用于人的视觉器官,从而产生综合色觉的过程叫视觉器官内的动态混合,简称为动态混合。

在彩色电视机的荧屏上,密集地布满了细小的红、绿、蓝色光点,人的眼睛很难区分它们。

当这三原色光点受显像管发出的三束电子束的控制,各色的光强度比例不断变化时,就会在视觉上产生各种加色混合效果,并组成各种彩色影像。可见,彩色电视中彩色图像的形成也是视觉器官内加色混合的结果。

静态混合与动态混合的共同点是都在视觉器官内进行加色混合,主要区别在于不同色光对于人眼的刺激方式与刺激时间不同。静态混合是处于静态的色光反射到人眼内,几种色光同时作用于人的视网膜。而动态混合则是处于运动状态中的几种色光先后并连续地刺激人的眼睛,从而使人产生综合色觉。

牛顿早年曾利用他自己制作的七色板来说明日光的成分,这种被后人称为"牛顿色盘"的成色方式便是动态混合的典型范例。如图3-3所示,将红、橙、黄、绿、青、蓝、紫七色依次涂在圆板上,注意各色面积并不均等,而是按可见光谱中各色所占的比例来分配。当七色板静止时,我们能够十分清楚地看到上面各个扇形的色块。一旦七色板快速旋转起来后,视网膜上的三种感色细胞连续受到各色块反射色光的快速刺激,此时已无法看清静止时还一清二楚的色块,在不断的七色光刺激下便会产生一种混合色觉。色盘转速越快,色光混合越充分,效果越明显。牛顿曾以此证明白光是由上述七种单色光合成的。同时,我们可以在陀螺表面涂成红、绿、蓝三色,通过它飞速旋转后的效果来证明白光能用三原色光得到。

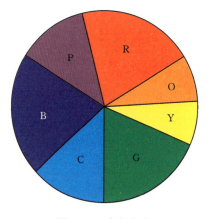

图3-3 牛顿色盘

动态混合是以人眼的视觉生理特征——视觉暂留现象作为生理基础的。所谓的视觉暂留

【名人轶事】

蒋筑英(中国著名光学科学家),他善于攻关。过去,中国彩色电视彩色复原技术还不过关,电视显示出来的颜色很难看。蒋筑英经过艰辛努力,编写出《彩色电视摄像机校色矩阵最优化程序》一文,提出了解决彩色复原质量问题的新方案,终于攻破了这一技术难关,使人们能够看到图像清晰、色彩逼真的彩色电视。

是指当看到的物体消失后,它的形状和颜色仍会在视网膜上保持约 1/10 秒时间的现象。这种短暂的物像在视网膜上的停留,使动态混合得以实现。当第一色的刺激在视网膜上引起的反应尚未消失,第二色的刺激接踵而来。后面总是这样,连续不断地、快速交替地产生作用,最后,自然地在人的视觉中产生了混合色觉。正是因为人的这种视觉特性,人类才得以愉快地欣赏到电影、电视中彩色的连续画面。

任务总结

(1)在人的视觉器官内所进行的加色混合可分为两种形式,一种是静态混合,一种是动态混合。静态混合是在人眼外部进行加色混合,以白炽灯为例,白炽灯管内有红光、绿光、蓝光发光管,在灯管内加色合成了白光,我们看到白炽灯的灯光是白色;动态混合是由处于运动状态中的几种色光先后并连续地刺激人的眼睛,比如彩色电视机荧屏上,密集地布满了细小的红、绿、蓝色光点,交替发光,传递到人眼,人们看了各种彩色影像,这是动态混合加色效果。

(2)色光加色法的实质是色光相加,能量相加,越加越亮。

任务三　色光混合规律认知

任务目标

(1)能叙述色光加色混色规律;
(2)具备良好的沟通能力和表达能力。

任务分析

知识引入

两种以上的色光进行加色混合,不论采取何种混合方式,都能使我们得到比原来更明亮的新色光。在色光混合过程中,存在着一定的变化规律,如能掌握这些规律,将会使我们在加色混合工作中更得心应手。为研究方便,我们首先需要了解一下颜色环。

(一)颜色环

颜色环是用来表达颜色混合各种规律的一个理想性示意图。

1. 颜色环的构成

若把彩度最高的光谱色依红、橙、黄、绿、青、蓝、紫的顺序排列成行,在这个行两端是红光和紫光。从物理学角度来说,可见光谱是不成环的,只是呈开放形的一条彩色光带。但我们也知道,可见光谱两端的色光混合后,可以产生谱外色,如红光加蓝光得品红光,红光加紫光可得品红色系的紫红色光。这样一来,我们找到了把光谱两端连接起来的纽带——谱外色。于是在我们的心理上可以使它们连成环,只要将紫红光和品红光作为连接部即可形成颜色环,如图3-4所示。每一种色光都在圆环上或圆环内占一确定位置,白色位于圆环的中心。颜色彩度越小,其位置点离中心越近,如图3-4是a点。在圆环上的颜色则是彩度最大的光谱色,如图3-4中b点。

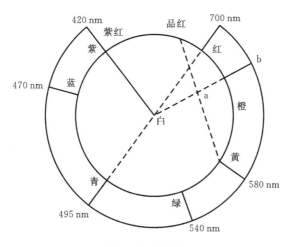

图3-4 颜色环

2. 互补色光

利用颜色环,我们可以轻而易举地找到一种色光的互补色光。什么是互补色光?任何两种色光混合后得到白光,这两种色光就称为互补色光。

在色光加色混合实验中已知:三原光等量混合可以得到白光,即R+G+B=W。白光还可以由另外的方法混合得到。例如:红光与青光混合可以得白光;绿光与品红光混合也可以得到白光;蓝光加上黄光仍可以得白光。即

$$R+C=W \qquad G+M=W \qquad B+Y=W$$

让我们以红光加青光为例分析一下,就会发现,互补色光混合得白光的过程中仍含有三原

> 【动动手】
> 参考图3-4在白纸上绘制,多次练习,熟悉颜色环及其色环中对应的色光。

色光混合的因素。

$$因为 \quad R+G+B=W$$
$$又因为 \quad G+B=C$$
$$所以 \quad R+G+B=R+C=W$$

因此,红光是青光的互补色光,反之,青光也是红光的互补色光。

同理,我们可以证明绿光与品红光是一对互补色光,蓝光与黄光是一对互补色光。所有的色光互补关系中,最典型、最常用的三对互补色光是三原色的互补色光。即 R 和 C,G 和 M,B 和 Y。

颜色环上任一色光都可通过连线的方法找到自己的互补色光。一对互补色光是环上隔着圆心相对应的两种色光,只要我们通过颜色环圆心作一条直线,直线两端与环相交点的两种色光就是一对互补色光。谱外色没有自己的波长,可用其补色光的波长前加"－"(负号)来表示。如:品红光与波长为 500.3 nm 的绿光互补,品红光的波长可写作－500.3 nm。

互补色光的要求相当严格,例如,波长为 700 nm 的红光,其互补色光是波长为 495.5 nm 的青光,参见图 3-4。而波长为 650 nm 的红光则与波长 495.3 nm 的青光互补。对于我们来说,知道色光环中两两相对的色光为互补色光即可。

3. 中间色

中间色是指任意两种非互补色光相混合所产生的颜色。最典型的中间色是三原色光两两等量混合后得到的色光。即 R+G=Y,R+B=M,G+B=C。

当两种原色光以不同比例混合时,便可以得到一系列的中间色,如红光与绿光相混合时,当红光比例大于绿光,则会得到橙红色、橙色、黄橙色等色光;反之,当绿光比例大于红光时,又会出现黄绿色、绿色等色光。

颜色环上任意两种非互补色混合出的所有中间色都位于连接两色的直线上。例如,品红光与黄光混合后所得各中间色均处于两色之间的连线上,如图 3-4 所示。中间色的色相决定于两种组成色光的比例大小,总是偏向于比例大的一方。如品红光与黄光以亮度 3∶2 比例混合,所得中间色必在两色之间的连线上,并靠近品红色端。欲知该中间色的色相,可先在品红与黄色之间做一连线,自品红端起按 40% 的比例截取线段得一交点即为中间色位置点,参见图 3-4 中的 a 点。再由圆心始过此点作连线延长至颜色环外环,环上交点 b 处的波长即代表所得中间色的色相。

中间色的彩度取决于原来两种色光在颜色环上的距离。两色光距离愈近,混合后的中间色愈靠近颜色环边线,愈接近光谱色,因此就愈鲜艳;反之,两色光距离愈远,其中间色越接近中心白光,彩度就愈小。两色光距离最远时便成为一对互补色光。色光相加后的混合色光的明度是原来各单色光明度之和。

(二)色光混合变化规律

1854年,格拉斯曼(德国,1809—1877)在色光加色混合与颜色匹配实验的基础上总结出颜色混合规律,世人亦称之为格拉斯曼定律。

色光混合变化规律的主要内容如下:

(1)人的视觉只能分辨颜色的三种变化,即:色相、明度、彩度。

(2)色光连续变化规律。由两种色光组成的混合色光中,如果一种色光连续变化,那么混合色光的外貌也发生连续的变化。这种色光连续变化的规律已在色光不等量混合实验中体现出来。例如:红光与绿光混合时,令红光为恒量,绿光为变量,绿光比例渐小,则有:R+(1→0)G=Y→R 黄→红光之间的一系列颜色。

反之,令绿光为恒量,红光为变量,红光比例渐小,则有 G+(1→0)R=Y→G 黄→绿光之间的一系列颜色。

式中(1→0)表示该原色光比例由1减少到0的连续变化。

(3)补色律。每一种色光都有自己相应的补色光。如果某一色光与其互补色光以适当比例混合,便会产生白光或灰色;如果二者按其它比例混合,便产生近似于比例大的那种色光的不饱和色。这就是补色律。

补色律中所指的灰色,实际是指较暗淡的白光,当白光不够明亮时,我们也称之为灰色。补色律中提到的不饱和色,是指彩度不高的颜色,或者说鲜艳程度比较低的颜色。

(4)中间色律。任何两个非补色光相混合,便产生中间色,其色相取决于两种色光的相对比例,其彩度则取决于二者在颜色环上距离的远近。这就是中间色律。

由中间色律便可以解释,我们为什么能在彩色电视和彩色电影中用少量的几种颜色复制出自然界成百上千种绚丽的色彩了。

(5)代替律。外貌相同的色光,不管它们的光谱组成是否一样,在加色混合中具有相同的效果。换言之,凡是在视觉效果上相同的颜色都是等效的。这就是代替律。我们可以将代替律用下式表示:

如果色光 A=B,C=D,则 A+C=B+D。

代替律表明:只要在感觉上颜色是相同的,便可以相互代替,所得的视觉效果是同样的。

如果色光 A+B=C,但没有 A,而有 X+Y=A,那么 C=A+B=(X+Y)+B。我们可以用 X+Y 来代替 A 去获取混合色光 C。这种由代替律产生的混合色光 C 与原来 A+B 所混合出的中间色光 C 具有相同的视觉效果。

根据代替律,我们可以利用色光加色法来得到我们所需的各种色光。比如,当我们需要黄光而又一时找不到黄色光源时,就可以根据代替律,用 R+G=Y 的方法混合出视觉上相同的黄光。

(6)明度相加定律。混合色光的明度等于组成混合色光各颜色光的明度的总和,这一定律叫作明度相加定律。明度相加定律体现了色光加色混合时的能量叠加关系,可以帮助我们从实质上和总体效果上来理解色光加色法,并熟练掌握三原色光混合颜色的定量关系。

格拉斯曼加色定律是色光混合的基本规律,它只适用于各种颜色光的混合,不能用于颜料和染料的混合。从以上有关规律中可以看出,以各种比例的三原色光相混合,可以产生自然界中的一切色光。如果能熟练掌握色光加色法及其有关定律,对于我们分析各种色光的组成、比例、混合结果及产生的影响都将是十分有利的。

任务总结

色光加色规律如下:
(1)人的视觉能分辨颜色的色相、明度、彩度。
(2)色光连续变化规律:某一色光变化,混合结果也变化。
(3)补色律:色环两两相对色光为互补色光。
(4)中间色律:非补色混合,产生中间色。
(5)代替律:视觉效果相同的颜色是等效的,可用于色光替换。
(6)明度相加定律:混合色光的明度等于组成混合色光各颜色光的明度总和。

实训　色光加色实验

实训描述

【任务说明】

使学习者认识色光三原色,初步掌握色光加色法的运用,了解加色混合的基本规律及主要方式,进一步提高识别颜色的能力。

【任务目标】

(1)能用红、绿、蓝三滤色镜做三原色光的混色实验;
(2)具备良好的沟通能力和表达能力;
(3)具有与他人密切合作和规范安全地完成学习活动的能力;
(4)培养不怕吃苦、不怕累、热爱劳动的精神。

【任务分析】

物料准备

材料准备要求见表 3-1。

表 3-1 物料准备要求

序号	名称	规格及技术要求	数量	类别
1	幻灯机	光源、聚光镜、放映镜头	3	设备
2	调压器	220 V 可控硅电子调压器,无极调温调光	3	设备
3	白色屏幕	A2 规格	1	设备
4	红、绿、蓝、黄色滤色片	柯达雷登 No.25、No.58、No.47B、No.8	各1张	工具
5	三棱镜	5 cm * 3 cm * 3 cm * 3 cm	1	工具
6	放大镜	10 倍放大	1	工具
7	工作服	符合《个体防护装备配备规范》GB 39800—2020 的要求	足量	防护
8	安全鞋	符合《足部防护 安全鞋》GB 21148—2020 的要求	足量	防护

实训实施

(一)作业前穿戴防护用品

正确穿戴防护用品(图 3-5)。

(1)工作服;

(2)安全鞋。

图 3-5 穿戴防护

(二)检查设备与工具

检查设备情况,准备相关工具(图3-6)。

(1)幻灯机、调压器正常;
(2)三棱镜、放大镜;
(3)各种滤色片;
(4)白色屏幕。

图3-6 幻灯机

(三)加色实验

1. 认识色光三原色

(1)如图3-7所示,重复光的色散实验,注意光谱中各单色光宽度的比较。注意红光、绿光、蓝光的色相特征。

(2)如图3-8所示,先通过调压器使三台幻灯机白光亮度相同,将红、绿、蓝三张滤色片分别置于三台幻灯机光源前,将三束原色光平行照射在白色屏幕上,观察其色相,并比较三者的亮度。

图3-7 色散实验

图3-8 红、绿、蓝滤色片

2. 色光加色混合

(1)如图3-9所示,将三原色光两两等量混合,对照色光加色法定义,观察并熟记三种混合色光的色相。注意比较新色光与原色光的明亮程度,深刻理解色光加色法的实质。

图3-9 三原色光两两混合

(2)如图 3-10 所示,将红光与绿光重叠后,红光不变,通过调压器使绿光比例逐渐减少;再将绿光恢复至原状,使红光比例逐渐减少。观察这两个过程中混合色光的连续变化情况,深刻理解色光连续变化规律和中间色律。

图 3-10　红光、绿光重叠

(3)如图 3-11 所示,三原色光重叠于屏幕上,观察混合色光的色相,加深对三原色光等量混合后得白光的理解。

图 3-11　三原色光重叠

3. 互补色光

(1)如图 3-12 所示,先将红光和绿光重叠后得黄光,再将蓝光与之重叠,认识蓝光与黄光的互补关系,同理,可分别证明绿光和红光的互补色光是品红光和青光。

图 3-12　红、绿光重叠

(2)如图 3-13 所示,将蓝光照射到屏幕上,再将黄滤色片 No.8 置于幻灯机上得黄光,将黄光与蓝光重叠,观察混合色光是否是白光,深刻理解补色律。

图 3-13　互补色光

4. 加色混合方式

动态混合:将 4 张圆纸板表面分别涂成图 3-14 所示的颜色组合(或贴上色纸亦可),圆纸板中心插上火柴杆,制成陀螺,使之旋转,观察色光动态混合情况。

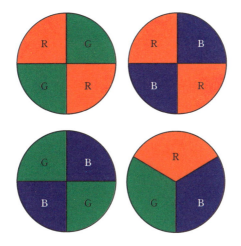

图 3-14　颜色组合示意图

(四)现场整理

如图 3-15 所示,实验结束,整理现场,做好现场 5S。

(1)幻灯机、调压器、白色屏幕整理归位;

(2)三棱镜、放大镜、各色滤色片回收;

(3)完成现场 5S。

图 3-15　现场 5S

实训总结

(1) 三原色光为红光、绿光、蓝光,最为鲜艳,其色相为红、绿、蓝。

(2) 色光相加,能量增加,越加越亮。色光减少,能量减少,越少越暗。

(3) 互补色光相加为白光。

(4) 色光动态混合是视觉器官内的色光混合。

【劳动佳句】

只有人的劳动才是神圣的。

——高尔基

【实训任务记录】

(一)作业前穿戴防护用品

(二)检查设备与工具

(三)加色实验

1.步骤一:认识色光三原色(共 10 分,每项 5 分)

(1)选择你观察到红光、绿光、蓝光色相:

□绿色　　　　　□红色　　　　　□蓝色　　　　　□黄色

(2)观察到的三束原色光亮度由强到弱顺序:

_____

2.步骤二:色光加色混合(共 30 分,每项 10 分)

(1)三原色光两两等量混合,观察到混合后的色光亮度比混合前的色光:

□更亮　　　　　□更暗

(2)红光与绿光重叠后,红光不变,通过调压器使绿光比例逐渐减少,观察混合后的色光亮度比减少前的亮度:

□更亮　　　　　□更暗

(3)三原色光混合后得到 ____ 光。

3.步骤三:互补色光(共 10 分)

黄光和蓝光重叠,你观察到了:

□白光　　　□橙光

4.步骤四:加色混合方式(共 10 分)

通过观察涂有颜色的纸板旋转的实验,我们可以总结出动态混合是

□视觉器官内的加色混合

□视觉器官外的加色混合

(四)现场整理

个人自评表

班级		组名		姓名		日期		年　　月　　日	
评价指标		评价内容				分值		分数	
信息检索		能有效利用网络、图书资源、工作手册查找有用的相关信息等;能用自己的语言有条理地去解释、表述所学知识;能将查到的信息有效地传递到工作中				10分			
感知工作		熟悉工作岗位,认同工作价值;在工作中能获得满足感				10分			
参与态度		积极主动参与工作,吃苦耐劳、崇尚劳动光荣、技能宝贵;与教师、同学之间相互尊重、理解;与教师、同学之间能够保持多向、丰富、适宜的信息交流				10分			
		探究式学习、自主学习不流于形式,处理好合作学习和独立思考的关系,做到有效学习;能提出有意义的问题或能发表个人见解;能按要求正确操作;能够倾听别人意见、协作共享				10分			
学习方法		学习方法合理,有工作计划;操作技能符合规范要求;能按要求正确操作;获得了进一步学习的能力				10分			
工作过程		遵守管理规程,操作过程符合现场管理要求;善于多角度分析问题,能主动发现、提出有价值的问题				15分			
学习态度		能发现问题、提出问题、分析问题、解决问题、创新问题				10分			
自评反馈		按时保质完成工作任务;较好地掌握了专业知识点;具有较强的信息分析能力和理解能力;具有较为全面严谨的思维能力,并能条理清楚地表达成文				25分			
		自评分数				100分			
有益的经验和做法									
总结反馈建议									

小组互评表

班级		被评小组		日期	年　　月　　日
评价指标	评价内容			分值	分数
信息检索	该组能有效利用网络、图书资源、工作手册查找有用的相关信息等			5分	
	该组能用自己的语言有条理地去解释、表述所学知识			5分	
	该组能将查到的信息有效地传递到工作中			5分	
感知工作	该组能熟悉工作岗位,认同工作价值			5分	
	该组成员在工作中能获得满足感			5分	
参与态度	该组与教师、同学之间相互尊重、理解、平等			5分	
	该组与教师、同学之间能够保持多向、丰富、适宜的信息交流			5分	
	该组能处理好合作学习和独立思考的关系,做到有效学习			5分	
	该组能提出有意义的问题,或能发表个人见解;能按要求正确操作;能够倾听别人意见、协作共享			5分	
	该组能积极参与,在实操过程中不断学习,综合运用信息技术的能力得到提高			5分	
学习方法	该组的工作计划、操作技能符合现场管理要求			5分	
	该组获得了进一步发展的能力			5分	
工作过程	该组遵守管理规程,操作过程符合现场管理要求			5分	
	该组成员能完成任务,善于多角度分析问题,能主动发现、提出有价值的问题			20分	
学习态度	该组能发现问题、提出问题、分析问题、解决问题、创新问题			5分	
自评反馈	该组能严肃认真地对待自评,并能独立完成自测试题			10分	
	互评分数			100分	
简要评述					

教师评价表

班级		组名		姓名		
评价内容	评价要点	考查要点	分值	评分标准		分数
任务描述、接受任务	口述内容细节	(1)表述仪态自然、吐字清晰	2分	表述仪态不自然或吐字模糊扣1分		
		(2)表达思路清晰、层次分明、准确		表达思路模糊或层次不清扣1分		
任务分析、分组情况	依据流程分组分工	(1)分析流程关键点准确	3分	表达思路模糊或层次不清扣1分		
		(2)涉及理论知识回顾完整,分组分工明确		知识不完整扣1分,分工不明确扣1分		
制订计划	制订实施流程	准确制订操作流程	10分	错误一步扣1分,扣完为止		
计划实施	实验前准备	(1)安全防护用品准备	5分	每漏一项扣1分		
		(2)设备工具准备		每漏一项扣1分		
	色光加色实验	任务实施记录	60分	见实训任务书		
	现场恢复	(1)设备归位、回收工具材料	3分	每漏一项扣1分,扣完为止		
		(2)场地5S工作	2分	每违反一项扣1分,扣完为止		
总结	任务总结	(1)依据自评分数	2分	—		
		(2)依据互评分数	3分	—		
		(3)依据个人总结评分报告	10分	依据总结内容是否到位酌情给分		
合 计			100分			

1. 在人的视觉器官内所进行的加色混合,又可分为两种形式,一种是动态混合,另一种是( )。

  A. 色光混合   B. 静态混合   C. 颜色混合   D. 色觉混合

2. 有两种以上色光迅速交替的作用于人的视觉器官,从而产生综合色觉的过程就是视觉器官内的( )。

  A. 动态混合   B. 静态混合   C. 色光混合   D. 色觉混合

3. 色光三原色是( )。

  A. 红光、绿光、蓝光   B. 红光、黄光、蓝光

  C. 红光、绿光、紫光   D. 橙光、绿光、蓝光

4. 绿光的互补色光是( )。

  A. 红光   B. 青光   C. 品红光   D. 蓝光

5. 红光、绿光、蓝光等量混合后可以得到( )。

  A. 白光   B. 紫光   C. 橙光   D. 青光

项目四 色料减色法认知

项目概述

通常,我们把这些能互相混合调色,经过涂染后能使其它物体改变颜色的物质叫作色料。要研究色料互相添加后的变化,我们就需要学习色料添加变化规律,即色料减色法。

本项目主要学习:认识色料三原色、色料减色法认知、色料混合规律认知、色料减色实验。

学习目标

1. 知识目标

(1)能叙述色料的概念和分类;
(2)能复述色料三原色的确定过程和原则;
(3)能叙述色料减色法的实质;
(4)能叙述色料减色法的混色规律。

2. 能力目标

能用品红、青、黄三种颜料做色料三原色的混色实验。

3. 素质目标

(1)具备良好的沟通能力和表达能力;
(2)具有与他人密切合作和规范安全地完成学习活动的能力;
(3)培养不怕吃苦、不怕累、热爱劳动的精神。

任务一 认识色料三原色

任务目标

(1)能叙述色料的概念和分类;
(2)能复述色料三原色的确定过程和原则;

（3）具备良好的沟通能力和表达能力。

任务分析

色料分类 → 色料三原色确定

知识引入

在白光的照射下，我们身边的各种物体都呈现着不同的颜色。树叶的绿色、花朵的红色、沙土的黄色、海水的蓝色，这些颜色是上述物体天然生成的颜色。还有一些物体的颜色是后天由人工添加才具有的。比如：印染工人将白布染成五颜六色的色布、画家在白纸上画出绚丽多彩的图画、油漆工给家具涂上色彩鲜明的保护层、印刷工人复制出色彩丰富的彩色印刷品，这一切都离不开色料。通常，我们把这些能互相混合调色，经过涂染后能使其它物体改变颜色的物质叫作色料。

（一）色料的分类

我们可以按照色料溶解性的不同，将其分为染料和颜料两大类。

色料的分类

1. 染料

凡能溶解于水或油性溶剂，并能使纤维及其它材料着色的有机物质称为染料。

染料又可分为天然与合成两类。天然染料大多是植物性染料，如茜素是古代就开始使用的，从茜草根中提取的红色染料；藤黄来自藤黄树皮切口处渗出的有毒性的黄色液汁；靛青则是用蓼蓝叶泡水调和石灰沉淀所得到的蓝色染料。合成染料主要是近代从煤焦油或石油中经化学加工而成的人造染料。由于合成染料种类多、产量大、色泽鲜艳、耐光性及化学稳定性均优于天然染料，所以，现在各行业使用的染料以合成染料为主。

当染料溶于水或油之后，染色时能以分子态与被染物体结合，所以能深入到物体内部并与物体结合得比较牢固。染料被广泛地用于纺织、塑料、橡胶、造纸、食品等行业。常用的包括：偶氮染料、金属络合物染料、萘酚染料、靛蓝染料、硝基染料、酞菁染料等。彩色摄影所用的感光材料，如彩色胶卷和彩色相纸的感光膜层中，由染料来着色，从而形成彩色影像。各种滤色片也是用染料染制而成的。

2. 颜料

颜料是指不溶于水或油的白色、黑色或彩色粉末状物质。颜料既可以是无机化合物，也可以是有机化合物。颜料还可以分为天然与合成两类。天然颜料多为矿物性的如朱砂、石绿等，过去多用作绘画颜料。合成颜料种类很多，无机颜料如钛白、铬黄；有机颜料如酞菁、淀红色等。

颜料是由许多颜料分子组成的颗粒态与物体结合,通常多是涂于物体表面呈色的。颜料被广泛用于涂料、油墨、绘画等行业。颜料还可以分为透明和不透明两种。透明颜料没有遮盖力,可以看到底层的色彩,油墨、水彩画及国画颜料多属此类。不透明颜料有遮盖力,能把底色盖住,涂料及油画、水粉颜料多属此类。

多数物体呈现颜色,是因为它们能对入射光进行选择性吸收和反射或透射。我们把物体对光的选择性吸收称为减色。色料,不论是染料还是颜料,由于它们不只是本身能呈现颜色,还能够互相混合调色,经过涂染后使其它的物体改变颜色,也都是依靠选择性吸收呈色,所以色料本身呈色以及混合涂染后呈色都是减色过程。

(二)色料三原色的确定

色光与色料都具有众多的颜色表象,但它们却是完全不同的两类物质。我们已经在色光中找到了红、绿、蓝三种原色光,以此可以混合出所有的色光。那么,众多的色料中,是否也存在着几种最基本的原色料呢?由这几种原色料混合是否也能调配出其它任何色料呢?

1. 色料三原色的确定过程

在确定色料三原色的过程中,人们最早是采用了色光三原色相同色相的三种色料进行实验。人们选用红、绿、蓝三张彩色染料制成的滤色片进行了实验。滤色片是一种能透过本色光,选择性吸收其余色光的减色物质。例如:红滤色片,作为彩色透明体,它能选择性吸收白光中的绿光和蓝光,只透射红光。如图 4-1 所示。

色料三原色的确定

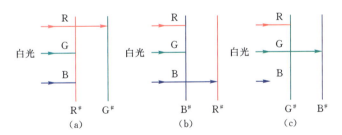

图 4-1 红、绿、蓝滤色片两两叠合呈色示意图

$R^\#$、$G^\#$、$B^\#$ 分别代表红、绿、蓝滤色片

【岗位小贴士】

一般情况下涂料的体积和质量的数值相差不大,但是我们在调色中经常使用的白色色母里面的颜料密度较大,往往称量的质量远大于其体积。

在图 4-1(a)中,白光照到红滤色片上时,经过它选择性吸收掉绿光和蓝光,只有红光能透过去,而红光又被后面的绿滤色片所吸收,最后的结果是没有任何色光能透过,所以得到黑色。同样,在图 4-1(b)、(c)中也只能得到黑色。如用上述三种色料两两等量混合亦分别得到更暗淡的近似黑色。因此,试用红、绿、蓝色料作为原色料的实验终归失败。原因在于这三种色料分别选择性吸收光谱 2/3 波长范围的色光,只反射或透射了 1/3 波长范围的色光,即吸收的色光太多。当这样的两种色料相混合,均可全部吸收辐射光,因此无法得到各种鲜艳明亮的其它色彩。

从上述实验结果中,人们得到了启发:只有吸收少、透过或反射光谱较宽波长范围的色料才有希望做基本的原色料而调配出多种颜色。而具备这种特点的色料恰是色光三原色红、绿、蓝的互补色——青、品红、黄三色。它们分别能吸收光谱中 1/3 的色光,反射或透射 2/3 波长范围的色光。人们按与上面相同的操作方法使用青、品红、黄三种滤色片进行混色实验,情况果然大有改观。如图 4-2 所示。

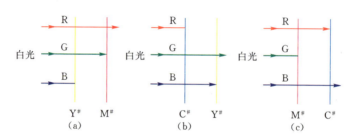

图 4-2 黄、品红、青滤色片两两又能叠合呈色示意图

Y#、M#、C# 分别代表黄、品红、青滤色片

因为每张滤色片通过的是光谱中 2/3 的色光,任意两张重叠减色后通过的光是色光三原色之一。例如:图 4-2(a)中黄滤色片只吸收白光中的蓝光,透过红光和绿光。当红光和绿光照射到后面的品红滤色片时,绿光会被品红滤色片所吸收,只有红光能够透过。这说明黄色料与品红色料等量混合,结果是得到红色。同理,黄滤色片和青滤色片重叠后可得绿色,品红滤色片与青滤色片重叠后则得到蓝色。同理,将黄、品红、青三种颜料在调色板上做两两等量混合,可以得到与同色滤色片相重叠后的颜色效果。人们将这三种色料任意两种以不同比例混合,再将三种色料以不同比例混合,结果是得到了自然界中几乎所有的颜色。另外人们还选用其它的颜色作为基本色料进行调配,却无论如何也调不出黄、品红、青这三种颜色。

综上所述,根据色料混合实验结果,以黄、品红、青三种色料为基础,以任意两色或三色按不同比例相混,可以调配出其它所有的颜色。反之,自然界中任何其余色料都无法混合出这三种颜色。因此,我们将黄、品红、青三种色料确定为色料三原色,也称减色法三原色,简称为三原色料。

2. 色料三原色的色相及代号

通过理论的推导及实验结果验证,我们已确定了色料三原色为黄、品红、青。

因为色相可以用主波长表示,我们可以用下列主波长表示色料三原色:黄(Y)572.5 nm,青(C)482 nm,品红(M)—500.3 nm。

这里有两点应加以注意:一是谱外色品红色没有自己的主波长,它的波长绝对值是其补色光的波长,前面加"—"号来表示。二是前面所列出的一组色料三原色主波长数值都是最常用的一组三原色料,上述数字仅供参考。

根据前面的理论推导,理想的三原色料应该是完全吸收光谱中 1/3 波长范围的色光,完全反射或透射 2/3 波长范围的色光。光谱曲线如图 4-3 所示。

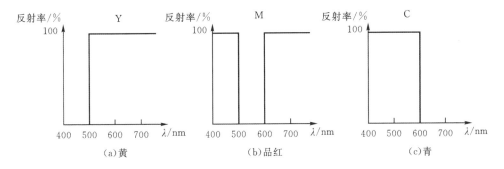

图 4-3 理想色料三原色光谱曲线

从曲线上可以看出:图 4-3(a)图中黄色料从白光中选择性吸收了蓝光,即从白光中减去了蓝色光,所以我们也将黄色料称为减蓝色,记为"—B"。黄色料吸收的蓝色光恰好是黄光的互补色光,而黄色料所反射出的白光中剩余的两种原色光——红光与绿光,恰好组成黄光。同理,图 4-3(b)中品红色料选择性吸收白光中与它互补的绿光,反射出红光和蓝光,我们称品红色料为减绿色,记为"—G"。图 4-3(c)图中青色料选择性吸收白光中与它互补的红光,反射出蓝光和绿光,青色料被称为减红色,记为"—R"。通常三原色料可用下列名称或代号来表示:

色 相	别 名	代 号
黄	减蓝色	Y 或 —B
品红	减绿色	M 或 —G
青	减红色	C 或 —R

减蓝色、减绿色和减红色又统称为减原色,从中反映出色料三原色与色光三原色之间有着密不可分的、特定的关系,即对应互补关系。如色料三原色中的黄色能反射出黄光,黄光与被减去的蓝光相加即可得到白光。

我们上面分析的是理想三原色料的光谱曲线及它们的理想的吸收和反射情况。实际应用中的色料,由于来源是矿物、植物及人工合成产品,在加工过程中,难免混有杂质,现在的提纯手段还难以达到非常纯净的程度。所以,实际使用的色料与理想的状况尚有一定的差距。

任务总结

(1)色料:能互相混合调色,经过涂染后能使其它物体改变颜色的物质。

(2)色料分类:染料、颜料。

(3)通过大量实验,以黄、品红、青三种色料为基础,以任意两色或三色按不同比例相混合,可以调配出其它所有的颜色。因此,我们将黄、品红、青三种色料确定为色料三原色,也称减色法三原色,简称为三原色料。

任务二　色料减色法认知

任务目标

(1)能叙述色料减色法的实质;

(2)具备良好的沟通能力和表达能力。

任务分析

知识引入

白光是多种单色光混合而成的典型的复色光,为了使问题简单化,更便于分析起见,我们一直在使用"三原色光组成白光"这个说法,同样在分析色料减色法时,仍要以此为前提。大多数物体呈色是由物体自身化学结构所决定的,是物体吸收某些原色光而减色的结果。

(一)色料减色法定义

从对三原色的吸收、反射情况的分析中可以看出,每种色料都会从白光中选择性吸收一种原色光,即减去一种原色光,反射另外两种原色光,这个过程可用下式表示。

$$黄色料:W-B=R+G=Y$$

$$品红色料:W-G=R+B=M$$

$$青色料:W-R=G+B=C$$

通常,我们把用色料从白光中减去一种或几种单色光,而呈现另一种颜色的方法称为色料减色法,简称为减色法。

色料呈色的原理是减色法原理,各种彩色物体呈色原理同样是减色法原理,两种以上色料混合调出新颜色也属于减色法原理。如果我们将三原色料中的任意两种等量混合,可以分别得到红、绿、蓝三种新的颜色。如图 4-4 所示。

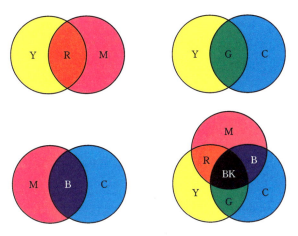

图 4-4 三原色料等量混合效果

三种色料两两等量混合的效果可由下式表示:

黄＋品红＝红　　　　　即:Y＋M＝R

∵ Y＝－B　　　　　　　M＝－G

∴ Y＋M＝W－B－G＝R

同理可得:黄＋青＝绿　　减色过程:W－B－R＝G

品红＋青＝蓝　　　　　W－G－R＝B

如果将两种原色料以不同比例混合,则会得到一系列渐变的新颜色。例如:黄色与青色相混合,当二者等量混合时得绿色,当固定黄色量不变,逐渐减少青色的量,可得由绿→草绿→黄绿→浅黄绿→黄色等一系列颜色。若青色量保持不变,逐渐减少黄色量,则可得由绿→翠绿→青绿→青色等多种颜色。这里列举出的只是混合色的一部分,实际能混合得到的颜色变化会更丰富。通常混合色的颜色总是倾向于比例大的那种原色。

当我们将三种原色料等量混合时,就可以得到黑色。三原色料等量混合表达式:

黄＋品红＋青＝黑

即:Y＋M＋C＝W－B－G－R＝BK

【岗位小贴士】

实际施工将三原色混合,会得到近似黑色的灰色,那是因为使用的涂料因生产加工的原因达不到较高的纯度,也就得不到理想的黑色。

如果将三原色料逐渐等量减少,就会得到一系列由深到浅的灰色。理想的三原色料等量混合应该得到标准的黑色和一系列中性灰色,但实际的颜料往往达不到要求,所以实际色料三原色混合只能得到近似黑色。如果将三原色料不等量混合,便会得到变化多样的多种混合色。

综上所述,三原色料按减色法进行混合后,便可以产生自然界中几乎所有的颜色。各种色料和彩色物体,呈色都是减色法的原理,绘画、彩色摄影也是以色料减色法为理论基础的。可见,减色法是颜色工作中的重要原理之一。

(二)色料减色法实质

当我们将减色混合后得到的新颜色与原来的色料相比较,就会发现一个明显的特点:新颜色总是比原来的颜色更暗。例如,黄色和品红色等量混合后会得到红色,红色的明度就比黄色和品红色都要小;黄色与青色混合得到的绿色也比两种原色料的明度小;品红色和青色混合出的蓝色同样比两种原色料要暗;由三种原色料混合得到的黑色,无疑比任一种原色料都暗得多。为什么会出现这种现象呢?

色料减色法实质

色光加色混合时,能将各色光的能量叠加,由于光能量的增加,混合色光的亮度就会增加。对于减色法来说,恰好与加色法相反。减色法是通过色料对光的选择性吸收,减去一种或几种单色光,使反射或透射的光能量减小。色料进行减色法混合时,则分别减去各自应吸收的部分色光,使得到的混合反射或透射的光能量进一步降低,颜色自然会更加深暗。

由此可见,色料减色法的实质是:色料的选择性吸收,使色光能量削弱。由于色光能量降低,新颜色的明亮程度就会降低而趋于深暗。简言之:色料相加,能量减弱,越加越暗。

任务总结

(1)我们把用色料从白光中减去一种或几种单色光,而呈现另一种颜色的方法称为色料减色法,简称为减色法。

(2)色料减色法实质:色料相加,能量减弱,越加越暗。

【岗位小贴士】
依据色料减色法,我们一般是把浅的颜色往深的颜色调。反之,则会耗费大量涂料。

任务三　色料混合规律认知

任务目标

(1)能叙述色料减色法的混色规律；
(2)具备良好的沟通能力和表达能力。

任务分析

知识引入

两种以上的色料进行减色混合，无论采用何种混色方式，都能得到比原来颜色更深暗的新颜色。在色料混合的过程中，存在着一定的变化规律。研究和掌握这些规律，将给我们下一步学习调色知识带来很大的益处。

(一)间色形成规律

间色是由原色混合而形成的。色料中最基本的、能混合出其它所有的颜色，却不能由其它色料混合得到的色称为原色。由于它们处于基础的地位，也被称为第一次色，以显示重要性。黄、品红、青色是色料中的三原色。

1. 间色的定义

间色是指由两种原色料混合得到的颜色，又称为第二次色。从减色的角度说，当一种色料中含有两种原色的成分时，这种色料是间色，这里说的成分是指色料的吸收特性而言，而非化学成分。例如，绿色是一种间色，它可以用黄色和青色两种原色料调和得到。黄色是减蓝色，吸收白光中的蓝光；青色是减红色，吸收白光中的红光。而绿色也可以是单一的绿色颜料，从化学成分说，它并非黄色和青色两种颜料的混合体，但它同样具有能吸收白光中的蓝光和红光的特性，只反射出绿光。

2. 间色的形成规律

按形成间色的两种原色的比例多少，可分为如下两种情况。
(1)两种原色料等量混合，可得到典型的间色——红、绿、蓝色。

间色形成规律

$$Y+M=R \quad 色光相减过程:W-B-G=R$$
$$Y+C=G \quad W-B-R=G$$
$$M+C=B \quad W-G-R=B$$

两种原色料分别等量混合时,各经过两次减色后,最后呈现的颜色与色光三原色的色相一样。

(2)两种原色料不等量混合,可得一系列颜色渐变的间色,色相偏向于比例大的原色。

例如:当黄与品红色料等量混合时得红色,令黄色为恒量,品红色为变量,比例连续减小,则有下式:

$$Y+(1\to 0)M=R\to Y$$

可得由典型的间色红至原色料黄之间的一系列颜色渐变的间色。

反之,令品红为恒量,黄为变量,比例逐渐减小,则有:$(1\to 0)Y+M=R\to M$。可得由典型的间色红至原色品红之间的一系列颜色渐变的间色。

同理可得:$Y+(1\to 0)C=G\to Y$;$(1\to 0)Y+C=G\to C$;$M+(1\to 0)C=B\to M$;$(1\to 0)M+C=B\to C$。

只要参与混合的原色量稍加改变,混合色的色相就会随之产生变化。

(二)复色形成规律

复色与间色同样是由原色料混合而成的,但其成分比间色要复杂,颜色的彩度也比间色要低。复色没有间色和原色那么鲜艳夺目,显得更稳重朴素和典雅。

1. 复色的定义

三种原色料相混合形成的新颜色被称为复色,也可称为第三次色。形成复色的手段很多。复色可以用三原色混合、两种间色混合、三种间色混合、原色与间色混合等方式形成。只要混合色中含有三种原色料的成分,这种颜色就是复色。

2. 复色的形成规律

复色的调配方法很多,常用的有以下几种:

1)三原色等量混合

三原色等量混合,可得黑色或灰色。

$$Y+M+C=BK$$

复色的形成规律

色光相减过程:$W-B-G-R=BK$ 当三原色量同等程度地逐渐减小时,可得由深到浅的一系列无彩的灰色。

2)三原色不等量混合

三原色不等量混合时,可得一系列的复色。如果由三种原色料不等量混合,调出的色相仍是彩色,但由于第三种原色的加入,使颜色的明度和彩度都会降低。

例如:2份黄色和1份品红色、1份青色调和,写成方程式:

$$2Y+M+C=Y+(Y+M+C)=Y+BK=古铜色$$

同理:

$$Y+2M+C=M+(Y+M+C)=M+BK=紫红色$$

$$Y+M+2C=C+(Y+M+C)=C+BK=橄榄色$$

色料三原色Y、M、C,加上三种典型间色,再加上四种复色黑色、紫红色、橄榄色和古铜色,总共10种颜色,常称为色料的基本十色。如图4-5所示。

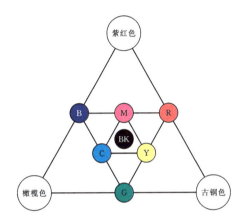

图4-5 色料基本十色关系图

可得:

$$2Y+2M+C=(Y+M)+(Y+M+C)=R+BK=深红色$$

$$2Y+M+2C=(Y+C)+(Y+M+C)=G+BK=深绿色$$

$$Y+2M+2C=(M+C)+(Y+M+C)=B+BK=深蓝色$$

由以上例子可以看出,三原色料不等量混合时,总会有三原色等量的一部分能够形成黑色。由于这部分以最少量原色为标准而形成的黑色的存在,使复色总比原色或间色显得更深暗。三原色料不等量混合有以下三种情况,如图4-6所示。

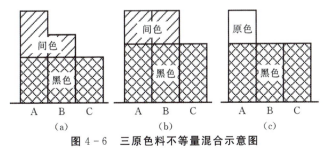

图4-6 三原色料不等量混合示意图

图中A、B、C代表三原色料

图4-6(a)表示:当A＞B＞C时,以C为标准的三原色等量部分构成黑色,只影响复色的明度和彩度,复色的色相主要由A和B的比例大小来决定。图4-6(b)表示:当A＝B＞C时,以C为标准的等量部分构成黑色,复色的色相倾向于A与B的间色色相。图4-6(c)表示:当A＞B＝C时,以B、C的量为标准的等量部分构成黑色,复色的色相为倾向于原色A的更暗淡的色相。

显而易见,三原色量做不等量的减色混合时,所得复色实际由两部分组成:一部分是以最少的原色量为标准的三原色等量形成的黑色;另一部分则是除去上述部分的单色或双色部分,随具体情况不同,使复色偏向于原色或间色的色相。可以认为:第三种原色的加入不能改变这些颜色的色彩倾向,只参与构成黑色而降低复色的明度和彩度。

3) 其它混合方式构成复色

其它混合方式构成复色,实质上都是三原色的不等量混合。除了上述三原色混合构成复色外,还有以下几种偶尔也可采用的方式。

(1) 原色与间色混合构成复色,其前提是间色中不含有该原色的成分。例如:原色料黄与间色蓝混合,间色蓝是由品红与青两种原色混合得到的,所以其中不含有黄色成分。两者混合结果为:Y＋B＝Y＋(M＋C)＝BK。

如果原色黄与蓝色附近的青蓝色、蓝紫色等相混合,则可以得到较暗的复色。实际上一原色与不含该原色成分的间色混合,是三原色的不等量混合,所以结果是得到复色。

(2) 间色与间色混合构成复色。此种构成复色的方式,实质上也是三原色的不等量混合。例如,间色红与间色绿相混合:

$$R＋G＝(Y＋M)＋(Y＋C)＝Y＋(Y＋M＋C)＝2Y＋M＋C＝古铜色$$

(3) 原色与黑色混合。此处黑色可看作等量的三原色。例如:

$$Y＋BK＝Y＋(Y＋M＋C)＝2Y＋M＋C＝古铜色$$

通过上述分析看出,无论采用什么方式将三原色混合之后,都可得到变化丰富的间色和复色。由此进一步证明:三原色料可以混合出所有颜色。

(三) 减色法互补规律

1. 互补色料

已知三原色料等量混合后可得黑色,即:Y＋M＋C＝BK。

如果我们将品红和青混合后得到的间色蓝与另一原色黄相混合,也可以得到黑色。即:

$$Y＋B＝Y＋(M＋C)＝Y＋M＋C＝BK$$

任何两种色料混合后得到黑色,那么这两种色料就称为互补色料。上述过程中的黄色与蓝色就是一对互补色料。互补色料的意义在于给其中一种色料补充上另一种特定的颜色就可得到黑色。给黄色中补充上蓝色可得到黑色,反之,给蓝色补充上黄色也可得到黑色。利用同样的方法,我们可以找出另外两种原色料的互补色。即品红与绿色互补,青色与红色互补。因为:

$$M+G=M+(Y+C)=Y+M+C=BK$$
$$C+R=C+(Y+M)=Y+M+C=BK$$

2. 减色法互补规律

每一种色料都有自己相应的互补色料。如果某一色料与其互补色料以适当的比例相混合,便会得到黑色。由上述减色法互补规律可知,任何一种色料都可与另一种构成互补关系的颜色混合形成黑色。在众多的互补关系中,最典型的互补关系有三对,分别是:Y 和 B、M 和 G、C 和 R。

除了应该熟记的这三对互补关系外,其它颜色的互补色则可以到颜色环中去寻找。

3. 减色法代替律

两种成分不同的颜色,只要视觉效果相同,就可以互相代替,这个规律叫减色法代替律。

减色法互补规律

(四)加色法与减色法的关系

加色法与减色法都是颜色混合过程中的主要方法,是物体呈现颜色和改变颜色的基本理论依据。加色法与减色法是互相联系,既有共同点,又有不同点的两种颜色混合方法。

加色法与减色法的关系

1. 加色法与减色法的共同点

加色法与减色法有许多共同点,具体表现在以下几个方面:

(1)加色法与减色法都属于颜色混合的方法,都与色光有关系,也都有能量的变化。加色法是不同色光相混合产生新色光的方法,是两种以上的色光同时或先后刺激人眼而引起的色效应,能量值增大,所以新色光更加明亮。而减色法是通过色料的减色作用即选择性吸收某些色光来实现的。换言之,减色法是从白光中减去某些色光而得到另一种色光刺激所产生的色效应。由于色光被减,能量值变小,所以通过减色法混合后得到的新颜色总是更加暗淡。

(2)加色法和减色法都有自己的三原色。加色法的三原色是红光、绿光和蓝光。用这三种原色光可以混合出其余所有的色光,而它们本身不能由其余色光混合得到。

减色法三原色是黄、品红和青色。用这三种色料可以混合出其余所有的颜色,而它们本身却无法由别的色料混合出来。

(3)加色法和减色法具有相同的互补关系。二者都有典型的三对互补关系:

Y 和 B,M 和 G,C 和 R。

虽然互补关系相同,但结果却有不同,即色光互补为白光,色料互补得黑色。

以上为加色法和减色法之间主要的共同点。

2. 加色法与减色法的区别

虽然加色法与减色法有许多共同点,同属于颜色混合的方法,但它们又是两种不同的成色方法,也有许多的不同点,如原色、混合效果、成色方式、实质及用途等都有区别。加色法与减色法的主要不同点参见表 4-1。

表 4-1 加色法与减色法的区别

比较项目	特征	
	加色法	减色法
参与混合的物质	色光	色料(染料、颜料)
三原色色相及主波/nm	R　　G　　B 700　546　435.8	Y(－B)　M(－G)　C(－R) 572.5　－500.3　482
成色基本规律	R+G=Y R+B=M G+B=C R+G+B=W	Y+M=R Y+C=G M+C=B Y+M+C=BK
实质与效果	色光相加,能量增大,明度升高	色料相加,能量减小,明度降低
成色方式	视觉器官外混合, 视觉器官内混合:静态混合,动态混合	色料的调和 透明色层的叠合
互补关系	互补色光相加成白光	互补色料相加形成黑色
主要用途	颜色测量,彩色电影,彩色电视,剧场照明	彩色绘画,彩色印刷,彩色摄影,涂料调色

(1)间色:由两种原色料混合得到的颜色,又称为第二次色。

(2)复色:三种原色料相混合形成的新颜色被称为复色,也可称为第三次色。

(3)互补色:任何两种色料混合后得到黑色,那么这两种色料就称为互补色料。

(4)代替律:两种成分不同的颜色,只要视觉效果相同,就可以互相代替,这个规律叫减色法代替律。

(5)加色法与减色法共同点:①都是颜色混合,与色光有关,有能量变化;②都有自己的三原色;③有相同的互补关系。

(6)加色法与减色法不同点:①成色方式不同;②三原色不同;③混合效果不同;④互补关系不同;⑤实质不同;⑥用途不同。

实训　色料减色实验

【任务说明】

使学习者认识和熟悉色料三原色,掌握减色混合的基本规律和成色方式。

【任务目标】

(1)能用品红、青、黄三种颜料做色料三原色的混色实验;

(2)具备良好的沟通能力和表达能力;

(3)具有与他人密切合作和规范安全地完成学习活动的能力;

(4)培养不怕吃苦、不怕累、热爱劳动的精神。

【任务分析】

滤片叠色效果 → 颜料调和

物料准备要求见表 4-2。

表 4-2　物料准备要求

序号	名称	规格及技术要求	数量	类别
1	幻灯机	光源、聚光镜、放映镜头(白色光源)	1	设备
2	暗室	5 m²	1	场地
3	白色屏幕	A2 规格	1	设备
4	滤色片	东风牌 50 Y、50 M、50 C	各1张	工具
5	色料三原色	水彩颜料、水粉颜料或涂料均可	1套	耗材
6	放大镜	10 倍放大	1	工具
7	画笔	普通画笔	1	耗材
8	调色盘	绘画用调色盘	1	工具
9	绘画纸	A4 规格	1张	耗材
10	纸杯	普通纸杯	10个	耗材
11	工作服	符合《个体防护装备配备规范》GB 39800—2020 的要求	足量	防护
12	安全鞋	符合《足部防护　安全鞋》GB 21148—2020 的要求	足量	防护

实训实施

(一)作业前穿戴防护用品

正确穿戴防护用品(图 4-7)。

(1)工作服;

(2)安全鞋。

图 4-7 穿戴防护

(二)检查设备与工具

检查设备情况,准备相关工具。

(1)暗室、幻灯机正常;

(2)色料(图 4-8)三原色齐全;

(3)各种辅料齐全。

图 4-8 色料

(三)减色实验

1. 滤色片叠色效果(在暗室中进行)

(1)如图 4-9 所示,先将黄、品红、青三张滤色片分别置于幻灯光路中,将光束打到屏幕上,仔细观察三原色料的色相,并写出色光相减的过程。

(2)如图 4-10 所示,按下列组合将滤色片置于光路中:黄＋品红,黄＋青,品红＋青,黄＋品红＋青。注意使各滤色片之间留出适当缝隙,以便分段观察滤色片叠合减色效果。

写出颜色混合方程式。

图 4-9　色光相减

图 4-10　滤色片叠加

2. 颜料调和成色

如图 4-11 所示,利用水彩颜料黄、品红、青色,按照减色混合规律,在白纸上给出相同面积的 10 个色块:三原色块 Y、M、C 色;三间色块 R、G、B 色;四复色块古铜、紫红、橄榄、黑色。

写出间色和复色的颜色混合方程式。

图 4-11　颜料调和

(四)现场整理

如图 4-12 所示,实验结束,整理现场,做好现场 5S。

(1)幻灯机等设备整理归位;

(2)使用后的涂料及其它废弃物分类丢弃;

(3)完成现场 5S。

图 4-12 现场 5S

实训总结

(1) 色料三原色为红色、黄色、蓝色。

(2) 三原色两两相加可以得到间色,也称为第二次色(二级色)。

(3) 三原色和间色混合可以得到复色,也称为第三次色(三级色)。

(4) 色料越混合,颜色越浑浊,亮度下降。

【劳动佳句】

劳动一日,可得一夜的安眠;勤劳一生,可得幸福的长眠。——达·芬奇

实训任务书

【实训任务记录】

(一)作业前穿戴防护用品

(二)检查设备与工具

(三)减色实验

1. 步骤一:滤色片叠色效果(共 18 分)

选择你观察到的三原色料色相:

□绿色　□红色　　□蓝色　□黄色

2. 步骤二:颜料调和成色(共 42 分,每空 6 分)

(1)间色的形成：

Y＋M＝(　　　)

Y＋C＝(　　　)

M＋C＝(　　　)

(2)复色的形成：

B＋G＝(　　　)

B＋R＝(　　　)

R＋G＝(　　　)

Y＋M＋C＝(　　　)

(四)现场整理

个人自评表

班级		组名		姓名		日期	年　　月　　日	
评价指标	评价内容					分值	分数	
信息检索	能有效利用网络、图书资源、工作手册查找有用的相关信息等；能用自己的语言有条理地去解释、表述所学知识；能将查到的信息有效地传递到工作中					10分		
感知工作	熟悉工作岗位，认同工作价值；在工作中能获得满足感					10分		
参与态度	积极主动参与工作，吃苦耐劳、崇尚劳动光荣、技能宝贵；与教师、同学之间相互尊重、理解；与教师、同学之间能够保持多向、丰富、适宜的信息交流					10分		
	探究式学习、自主学习不流于形式，处理好合作学习和独立思考的关系，做到有效学习；能提出有意义的问题或能发表个人见解；能按要求正确操作；能够倾听别人意见、协作共享					10分		
学习方法	学习方法合理，有工作计划；操作技能符合规范要求；能按要求正确操作；获得了进一步学习的能力					10分		
工作过程	遵守管理规程，操作过程符合现场管理要求；善于多角度分析问题，能主动发现、提出有价值的问题					15分		
学习态度	能发现问题、提出问题、分析问题、解决问题、创新问题					10分		
自评反馈	按时保质完成工作任务；较好地掌握了专业知识点；具有较强的信息分析能力和理解能力；具有较为全面严谨的思维能力，并能条理清楚地表达成文					25分		
自评分数						100分		
有益的经验和做法								
总结反馈建议								

小组互评表

评价指标	评价内容	分值	分数
班级		被评小组	日期	年 月 日
信息检索	该组能有效利用网络、图书资源、工作手册查找有用的相关信息等	5分	
	该组能用自己的语言有条理地去解释、表述所学知识	5分	
	该组能将查到的信息有效地传递到工作中	5分	
感知工作	该组能熟悉工作岗位,认同工作价值	5分	
	该组成员在工作中能获得满足感	5分	
参与态度	该组与教师、同学之间相互尊重、理解、平等	5分	
	该组与教师、同学之间能够保持多向、丰富、适宜的信息交流	5分	
	该组能处理好合作学习和独立思考的关系,做到有效学习	5分	
	该组能提出有意义的问题,或能发表个人见解;能按要求正确操作;能够倾听别人意见、协作共享	5分	
	该组能积极参与,在实操过程中不断学习,综合运用信息技术的能力得到提高	5分	
学习方法	该组的工作计划、操作技能符合现场管理要求	5分	
	该组获得了进一步发展的能力	5分	
工作过程	该组遵守管理规程,操作过程符合现场管理要求	5分	
	该组成员能完成任务,善于多角度分析问题,能主动发现、提出有价值的问题	20分	
学习态度	该组能发现问题、提出问题、分析问题、解决问题、创新问题	5分	
自评反馈	该组能严肃认真地对待自评,并能独立完成自测试题	10分	
	互评分数	100分	
简要评述			

教师评价表

班级			组名		姓名		
评价内容	评价要点	考查要点	分值		评分标准		分数
任务描述、接受任务	口述内容细节	(1)表述仪态自然、吐字清晰	2分		表述仪态不自然或吐字模糊扣1分		
		(2)表达思路清晰、层次分明、准确			表达思路模糊或层次不清扣1分		
任务分析、分组情况	依据流程分组分工	(1)分析流程关键点准确	3分		表达思路模糊或层次不清扣1分		
		(2)涉及理论知识回顾完整，分组分工明确			知识不完整扣1分，分工不明确扣1分		
制订计划	制订实施流程	准确制定操作流程	10分		错误一步扣1分，扣完为止		
计划实施	实验前准备	(1)安全防护用品准备	5分		每漏一项扣1分		
		(2)设备工具准备			每漏一项扣1分		
	色料减色实验	任务实施记录	60分		见实训任务书		
	现场恢复	(1)设备归位、回收工具材料	3分		每漏一项扣1分，扣完为止		
		(2)场地5S工作	2分		每违反一项扣1分，扣完为止		
总结	任务总结	(1)依据自评分数	2分		—		
		(2)依据互评分数	3分		—		
		(3)依据个人总结评分报告	10分		依据总结内容是否到位酌情给分		
合　计			100分				

习题巩固

1. 色彩系统中最基本的色调是（　）它们也称为"三原色"，几乎所有的颜色都可以用它们调配出来。

　　A. 红色、绿色、蓝色　　　　　　B. 红色、黄色、蓝色

　　C. 白色、黄色、绿色　　　　　　D. 绿色、黄色、蓝色

2. 现在各行各业使用的染料以（　　）原料为主。

　　A. 人工　　　　B. 天然　　　　C. 合成　　　　D. 加工

3. 通常我们把颜料与染料的混合称为（　　）。

　　A. 色光加色法　　　　　　　　B. 色料减色法

　　C. 色光减色法　　　　　　　　D. 色料加色法

4. 色料三原色中的黄色能反射出黄光，黄光与被减去的蓝光相加即可得到（　　）。

　　A. 白光　　　　B. 紫光　　　　C. 绿光　　　　D. 橙光

5. 色料进行减色法混合时，则分别减去各自应吸收的部分色光，使得到混合色反射或透射的光能量进一步降低，颜色自然会更加（　　）。

　　A. 深灰　　　　B. 明亮　　　　C. 深暗　　　　D. 浑浊

第二篇　涂料基础

概　述

　　涂料是一种有机高分子胶体混合物的溶液或粉末。汽车涂料指采用适当的涂装方法,在汽车车身及零部件上进行涂覆的高分子混合物,其干固后会形成连续而坚韧的薄膜,从而对汽车表面起到保护、装饰、标识及其它特殊作用。

　　涂料是由油漆发展演变而来的。早期的涂料是以桐籽油中榨取的桐油和漆树上采集的漆液作为主要原料,经净化、熬炼制成,所以自古以来一直习惯称它为"油漆"。本篇主要探讨涂料的基础知识。

项目五 认识涂料

随着科学技术和石油化学工业的发展,为涂料业提供了大量的高分子合成树脂及合成油等新型原料,采用这些原料生产的涂料在性能、质量、品种等方面比原来的油漆更胜一筹,这就是现在广泛使用的"有机涂料",简称"涂料"。因此,"油漆"这个名称已不能包含由高分子合成树脂及合成油等炼制而成的产品,涂料则可以包含油漆。但是由于"油漆"一词沿用已久,所以人们还是习惯把这些有机涂料称为"油漆"。

本项目主要学习:认识涂料组成、涂料分类认知、涂料命名认知、观察涂料组成。

1. 知识目标

能叙述涂料的组成。

2. 能力目标

(1)能复述涂料的命名方式;

(2)能复述涂料的各种分类方法。

3. 素质目标

(1)培养善于观察,总结分析的能力;

(2)具备良好的沟通能力和表达能力;

(3)具有与他人密切合作和规范安全地完成学习活动的能力;

(4)培养不怕吃苦、不怕累、热爱劳动的精神。

▶ 任务一 认识涂料组成

(1)能叙述涂料的组成;

(2)具备良好的沟通能力和表达能力。

 分析

主要成膜物质 → 次要成膜物质 → 辅助成膜物质

 引入

涂料是由主要成膜物质、次要成膜物质及辅助成膜物质组成。主要成膜物质指的是粘接剂(各种类型的树脂),也称其为基料、漆料或漆基。次要成膜物质是指颜料(填料、色料等)。辅助成膜物质是指溶剂和助剂等。涂料的具体组成如表5-1所示。

涂料组成

表5-1 涂料的组成

涂料	主要成膜物质	油脂		干性油
				半干性油
				不干性油
		树脂		天然树脂
				人造树脂
				合成树脂
	次要成膜物质	颜料		着色颜料
				体质颜料
				防锈颜料
	辅助成膜物质	溶剂		真溶剂
				助溶剂
				稀释剂
		助剂		催干剂
			其他助剂	悬浮剂
				固化剂
				润湿剂
				防皱剂
				乳化剂

涂料组分是指涂料中各组成部分的含量及名称。由于组分的不同才有了不同品质的涂料,其主要组分如下。

(一)主要成膜物质

油料、树脂是涂料的基础,是主要成膜物质,起固着或粘接作用。它能将颜料等其它成膜物质粘接在一起而形成涂膜;与被涂物体表面形成很强的附着力,从而对产品起到保护、装饰、标识及特殊作用等。

1. 油料

油料即油脂,通常以在常温下为液体的称油,固体的叫脂。油料来源于植物种子的植物油和动物脂肪的动物油,而用于涂料的主要是植物油。油料的化学成分是脂肪酸甘油酯,具有共轭双键的分子结构,容易与空气中的氧结合而干固成膜,其含量的多少直接影响到涂料的干燥速度。

主要成膜物质

2. 树脂

纯树脂多呈透明状或半透明状,没有固定的熔点,但在受热后会软化,并逐渐熔化。多数树脂溶于有机溶剂,但不溶于水。树脂具有良好的机械性能和电绝缘性。将树脂的有机溶液涂布在物体表面上,待溶剂挥发后能形成一层连续的薄膜,故树脂是涂料中的主要成膜物质。

涂料中的树脂能将颜料及其它成膜物质粘在一起而形成涂膜,并与被涂物面形成很强的附着力,从而对产品起到保护、装饰、标识及特殊作用等。因此,树脂的性能直接影响着涂膜的各项性能指标。树脂主要有天然树脂和合成树脂两大类,为了改善涂料性能,经常采用几种树脂相互拼用,以利于相互改性,提高涂膜质量。

(二)次要成膜物质

颜料是涂料中的主要组成部分,是具有一定颜色的矿物质或有机物。既不溶于水,也不溶于其它介质,但其细小固体颗粒能均匀地分布在介质中。其除可使涂料具有一定的色彩外,还能增加涂膜厚度和遮盖力,使涂膜色彩艳丽、光亮丰满;可使涂膜的结构更加致密,提高涂膜的耐候性、耐磨性和耐腐蚀性;有的颜料本身还具有防腐蚀作用。

次要成膜物质

按颜料在涂料中的作用分为着色颜料、体质颜料及防锈颜料;按其化学成分可分为有机和无机颜料;若按其来源可分为天然和合成颜料。

(三)辅助成膜物质

真溶剂、助溶剂、稀释剂等是涂料中的辅助成膜物质。如果将涂料与颜料相混合,只能形成膏状或粉状物,无法作为涂料使用。其主要作用是溶解、稀释树脂,调节涂料的黏度。除此之外,还能调整涂料的干燥类型,提高涂膜的表面平整度,改善涂料的施工性能等。

辅助成膜物质

采用挥发性有机化合物(Volatile Organic Compounds,VOC)作为溶剂的涂料称为有机溶剂涂料,对环境污染严重,且易燃。采用水作为溶剂的涂料称为水性涂料,属环保型涂料,不易燃,将成为21世纪汽车用涂料的主流。

助剂是涂料中必不可少的材料,用于提高或增强涂料的某一性能。如催干剂能促进涂料的干燥速度,改善涂布性能;防潮剂可防止因空气湿度大而产生的"白化"缺陷。另外还有固化剂、抗老化剂、流平剂、颜料分散剂等。

涂料是由不挥发物和挥发物组成。不挥发物又称固体物,在涂料涂布和干燥过程中并不挥发逸出,留在被涂物面上形成涂膜的部分。挥发物主要是指稀释剂、溶剂及个别的助剂。挥发物在成膜过程中挥发逸出,不参与涂膜的组成。但这种说法只针对溶剂型涂料或高固体分含量的涂料,对粉末涂料则不适用。

▶ 任务二　涂料分类认知

(1)能复述涂料的各种分类方法;
(2)具备良好的沟通能力和表达能力。

(一)涂料的分类

世界各国的涂料产品没有一个统一的分类、命名和型号标准,按不同的分类方法涂料可以分为多种类型,表5-2列出了与汽车修补涂装关系密切的涂料分类方法。

表5-2　常用涂料分类方法

分类方法	类型
按功能分	底漆、中涂、面漆、罩光清漆
按干燥(固化)成膜机理分	溶剂挥发干燥型、氧化聚合干燥型、热固化型、双组分室温交联型
按漆基	醇酸树脂漆、硝基漆、氨基漆、丙烯酸树脂漆、聚氨酯漆
按涂料固体分的高低	超高固体分、高固体分、中固体分、低固体分和无溶剂涂料
按所用溶剂	有机溶剂型涂料、高固体含量涂料、粉末涂料、水性涂料

我国对涂料产品的分类是按照主要成膜物质进行的。若主要成膜物质为混合物,则涂料中起主要作用的基础物质为树脂。涂料中的树脂是最能反映涂料产品的性质、用途、作用及所能形成的涂膜外观等,因此是一种合理的、科学的分类方法。

另外,涂料还有以下几种分类方法:

(1)按涂料的应用场合分类可分为生产线专用涂料和修补用涂料。

生产线专用涂料如阴极电泳涂料(阴极电泳涂装)作为底漆涂层,粉末中涂涂料(静电喷涂),面漆大多采用烤漆。汽车修补涂料一般为自干型或低温烘烤型,如喷漆类、自干型油性和合成树脂漆及双组分涂料等。

(2)按涂料的成膜方式可分为溶剂挥发型、氧化固化型、烘烤型、催化固化型及双组分型。

(3)按涂料的功能可分为防锈涂料、防腐涂料、绝缘涂料、耐热涂料、荧光涂料、防火涂料、隔音减振涂料等。

(4)按涂料中所含颜料的多少可分为清油、清漆、色漆、厚漆、油灰、腻子等。

涂料的分类

(5)按成膜后涂层的表面形状分类——普通漆、罩光清漆、美术漆(锤纹漆、裂纹漆、皱纹漆等)。

(6)按涂料的施工方法可分为刷漆、喷漆、阳极电泳涂料、阴极电泳涂料等。

(二)水性涂料

自20世纪90年代起,欧美汽车涂装已进入水性化、高固体分化和粉末化。这些汽车工业较为发达的国家基本上都已实现了水性涂料替代传统溶剂型涂料的更新换代。21世纪以来,对汽车用涂料和涂装领域的要求是省资源、节能,在高质量的基础上降低涂装成本;保护环境,防止大气污染,削减VOC的排出量,提高水的循环利用率。随着国内外汽车市场竞争越来越激烈,汽车涂料利润空间大幅度变小,必须在保证高质量的基础上优化工艺、降低成本。

据国家统计局报告:"2020年全国1968家规模以上涂料企业实现总产量2459.1万吨,同比增长2.6%;主营业务收入为3054亿元,同比下降2.8%;利润总额为246亿元,同比增长5.5%。"水性涂料在欧美发达国家普及率已达80%以上,而我国这一比例则明显偏低。

水性涂料是环保型绿色涂料,采用水性涂料替代现用的溶剂型涂料是工业涂装降低VOC的主流措施。如仅用水性底色漆替代溶剂型底色漆就可削减VOC排放量达80%以上,采用水性涂装体系(水性中涂漆/水性底色漆/溶剂型清漆)替代现行溶剂型涂装体系后,削减VOC的效果显著。

水性涂料是以水为溶剂或分散介质的涂料,由于水的特性与有机溶剂有很大不同,所以水性涂料相对于溶剂型涂料也有很大差异。在使用水性涂料时,熟知这些差异非常重要。

(1)表面张力大:水的表面张力比有机溶剂的表面张力大得多,水的表面张力为72 mN/m,有机溶剂类约为25 mN/m。由于表面张力的差异原因,在平整的钢板上滴落一滴水成圆形,假如是有机溶剂,则液滴会扩散开。

(2)难润湿、不易溶:与有机溶剂相比,水对颜料难润湿,与树脂不易混。

(3)汽化温度高:水的汽化温度高,会导致涂料喷涂时不易挥发、涂料雾化时不易蒸发、蒸发易受环境(湿度)影响。

(4)易流挂:水性涂料与溶剂型涂料相比更易发生流挂弊病。为控制流挂,需要注意以下两点:第一,控制涂装室的温、湿度;第二,控制好涂料的黏度,赋予涂料触变性。从而保证喷涂时残留水分较多时也不会产生流挂。

(5)触变性:触变性是指在施加外力作用时黏度发生变化的现象。水性涂料的黏度随着搅拌力的增强而降低。

(6)气泡:如果水性涂料采用与溶剂型涂料相同的烘烤工序,则会导致漆膜中水分的残留(产生气泡),因此在水性涂料中导入了预热(P/H)工艺。导入P/H工艺能使漆膜里的水分得到充分的蒸发,从而防止烘烤时出现气泡、控制因体积收缩造成的流挂,并以热风使漆膜表面流平。

任务总结

传统的汽车涂料是溶剂型涂料,其中的 VOC(挥发性有机化合物:在通常压力条件下,挥发并参与大气光化学反应的有机化合物)挥发到大气中会危害人类健康、污染环境。随着人类环保意识的增强,各国相继制定了保护环境的法规,限制 VOC 排入大气。

水性涂料就是指可用水配制的涂料或其挥发的溶剂部分主要是水(或大部分是水)。在工业涂装领域中采用的水性涂料就有水性防锈涂料、电泳涂料、水性中涂涂料等。水性涂料是环保型绿色涂料,采用水性涂料代替现用的溶剂型涂料是工业涂装降低 VOC 的主流措施。

任务三 涂料命名认知

任务目标

(1)能复述涂料的命名方式;
(2)具备良好的沟通能力和表达能力。

任务分析

颜色的名称 → 成膜物质的名称 → 基本名称

知识引入

涂料的名称由颜色或颜料的名称、成膜物质的名称和基本名称三部分组成,用简单的公式表达：

涂料全名称＝颜色或颜料的名称＋成膜物质的名称＋基本名称

涂料的颜色位于名称的最前面,如红醇酸磁漆。若颜料对漆膜性能起显著作用,则可用颜料的名称代替颜色的名称,仍置于涂料名称的最前边,如锌黄酚醛防锈漆等。

涂料的命名

如果基料中含有多种成膜物质时,选取起主要作用的一种成膜物质命名,如松香改性酚醛树脂占树脂总量 50% 以上则划入酚醛类,小于 50% 则划入天然树脂类。必要时可以选取两种成膜物质命名,主要成膜物质在前,次要成膜物质在后,例如环氧硝基磁漆。

凡是烘烤干燥的漆,名称中都有"烘干"或"烘"字样。如果没有,即表明该漆常温干燥或烘烤干燥均可。

基本名称仍采用我国已经广泛使用的名称,如清漆、磁漆等。涂料基本名称见表 5-3。

表 5-3　涂料基本名称及代号

代号	基本名称	代号	基本名称	代号	基本名称	代号	基本名称
00	清油	17	皱纹漆	38	半导体漆	62	示温漆
01	清漆	18	裂纹漆	40	防污漆,防蛆漆	63	涂布漆
02	厚漆	19	晶纹漆	41	水线漆	64	可剥漆
03	调和漆	20	铅笔漆	42	甲板漆,甲板防滑漆	66	感光涂料
04	磁漆	22	木器漆			67	隔热涂料
05	粉末涂料	23	罐头漆	43	船壳漆	80	地板漆
06	底漆	30	(浸渍)绝缘漆	44	船底漆	81	渔网漆
08	腻子	31	(覆盖)绝缘漆	50	耐酸漆	82	锅炉漆
09	大漆	32	(绝缘)磁漆	51	耐碱漆	83	烟囱漆
11	电泳漆	33	(黏合)绝缘漆	52	耐腐	84	黑板漆
12	乳胶漆	34	漆包线漆	53	防锈漆	85	调色漆
13	其他水溶性漆	35	硅钢片漆	54	耐油漆	86	标志漆/马路漆划线漆
14	透明漆	36	电容器漆	55	耐水漆		
15	斑纹漆	37	电阻器,电位器漆	60	耐火漆	98	胶漆
16	锤纹漆			61	耐热漆	99	其他

(1)基本名称代号用 00～99 两位数表示,在成膜物质和基本名称之间,必要时可在成膜物

质后边。划分代号的原则：

① 00～13 表示涂料的基本名称；

② 14～19 表示美术漆；

③ 20～29 表示轻工用漆；

④ 30～39 表示绝缘漆；

⑤ 40～49 表示船舶漆；

⑥ 50～59 表示防腐蚀漆；

⑦ 60～79 表示特种漆；

⑧ 80～89 表示其他用途漆。

(2) 涂料全名称＝颜色或颜料的名称＋成膜物质的名称＋基本名称。

实训　观察涂料组成

【任务说明】

通过观察学习，认识汽车涂料的组成，结合小组讨论，深入理解构成汽车涂料的主要物质及其相关作用，为下一步汽车涂料的使用奠定理论基础，提高对汽车涂料的认识。

【任务目标】

(1) 能叙述涂料的组成；

(2) 培养善于观察，总结分析的能力；

(3) 具备良好的沟通能力和表达能力；

(4) 具有与他人密切合作和规范安全地完成学习活动的能力；

(5) 培养不怕吃苦、不怕累、热爱劳动的精神。

【任务分析】

物料准备要求见表 5-4。

表 5-4 物料准备要求

序号	名称	规格及技术要求	数量	类别
1	树脂	溶剂挥发型、氧化型、聚合型、双组分聚合型(清漆)、天然树脂等	4	耗材
2	颜料	罐装细粉状、金属状	3	耗材
3	溶剂	瓶装溶剂油	1	耗材
4	添加剂	烧杯装抗氧化添加剂	1	耗材
5	观察皿	用于存放颜料	若干	工具
6	量杯	调漆专用量杯 1L	4	工具
7	工作服	符合《个体防护装备配备规范》GB 39800—2020 的要求	足量	防护
8	安全鞋	符合《足部防护 安全鞋》GB 21148—2020 的要求	足量	防护
9	护目镜	保护眼睛	足量	防护
10	防毒面具	半面式,带活性炭过滤装置	足量	防护
11	防溶剂手套	丁腈手套	足量	防护

实训实施

(一)作业前穿戴防护用品

正确穿戴防护用品(图 5-1)。
(1)工作服(含帽子);
(2)安全鞋;
(3)护目镜;
(4)防毒面具;
(5)防溶剂手套。

图 5-1 穿戴防护

(二)准备工具与材料

检查耗材贮备情况,准备相关工具和材料,如图 5-2 所示。
(1)观察皿、量杯;
(2)颜料;
(3)清漆套装(树脂);
(4)溶剂、添加剂。

图 5-2 观察皿

(三)观察涂料组成

1. 观察树脂

(1)如图 5-3 所示,各组将少量清漆倒入量杯中,清漆完全覆盖量杯杯底即可,仔细观察量杯中的清漆,记录结果。

(2)观察结束后,将量杯中的清漆倒入清漆罐中,彻底清洗量杯。

2. 观察颜料

(1)如图 5-4 所示,将罐装颜料倒入少许到观察皿中,仔细观察颜料,记录结果。

(2)观察结束后,将颜料倒回罐中,彻底清洁观察皿。

图 5-3 观察量杯中清漆　　　图 5-4 罐装颜料

3. 观察溶剂

(1)如图 5-5 所示,各组将少量溶剂倒入量杯中,溶剂完全覆盖量杯杯底即可,仔细观察量杯中的溶剂,记录结果。

(2)观察结束后,将量杯内的溶剂倒入溶剂罐中,彻底清洗量杯。

4. 观察添加剂

(1)如图 5-6 所示,各组将烧杯中的抗氧化添加剂取少量倒入量杯中,添加剂完全覆盖量杯杯底即可,仔细观察量杯中的添加剂,记录结果。

(2)观察结束后,将量杯内添加剂倒入原烧杯中,彻底清洗量杯。

项目五　认识涂料

图 5-5　溶剂　　　　　图 5-6　抗氧化添加剂

(四)现场整理

如图 5-7 所示,实验结束,整理现场,做好现场 5S。

(1)树脂、颜料、溶剂、添加剂整理归位;检查量杯、观察皿,确保清洗干净;

(2)废弃物分类丢弃;

(3)完成现场 5S。

图 5-7　现场 5S

实训 总结

(1)树脂为黏性和透明的液体,可固化成膜。

(2)颜料为粉末状物质,不溶于水或油,且具备特定的颜色。

(3)溶剂为液态无色透明液体,易挥发。

(4)添加剂具备特殊作用可提高涂料相关性能。

【劳动佳句】

整个人生就是思想与劳动,劳动虽然是无闻的、平凡的,却是不能间断的。

——冈察洛夫

实训任务书

【实训任务记录】

(一)作业前穿戴防护用品

(二)准备工具与材料

(三)观察涂料组成

1. 步骤一:观察树脂(共12分,每项6分)

(1)你观察到的树脂状态:

□液态 □固态 □气态 □透明 □有刺鼻气味

(2)你所观察到的树脂颜色:

□黄色 □蓝色 □红色 □无色透明

2. 步骤二:观察颜料(共18分,每项6分)

(1)你观察到的颜料状态:

□固态 □液态

(2)你所观察到的颜料颜色:

□黄色 □蓝色 □红色 □绿色

(3)结合理论分析,你认为颜料与水或油的相溶性是:

□完全相溶 □完全不相溶 □部分相溶

3. 步骤三:观察溶剂(共12分,每项6分)

(1)你观察到的溶剂状态:

□固态 □液态 □有刺鼻气味

(2)你所观察到的溶剂颜色:

□黄色 □蓝色 □红色 □透明色

4. 步骤四:观察添加剂(共18分,每项6分)

(1)你观察到的添加剂状态:

□固态 □液态 □有刺鼻气味

(2)你所观察到的添加剂颜色:

□灰色 □白色 □乳白色 □透明色

(3)该添加剂的作用:_____

(四)现场整理

个人自评表

班级		组名		姓名		日期	年　月　日
评价指标	评价内容					分值	分数
信息检索	能有效利用网络、图书资源、工作手册查找有用的相关信息等；能用自己的语言有条理地去解释、表述所学知识；能将查到的信息有效地传递到工作中					10分	
感知工作	熟悉工作岗位，认同工作价值；在工作中能获得满足感					10分	
参与态度	积极主动参与工作，吃苦耐劳，崇尚劳动光荣，技能宝贵；与教师、同学之间相互尊重、理解；与教师、同学之间能够保持多向、丰富、适宜的信息交流					10分	
	探究式学习、自主学习不流于形式，处理好合作学习和独立思考的关系，做到有效学习；能提出有意义的问题或能发表个人见解；能按要求正确操作；能够倾听别人意见、协作共享					10分	
学习方法	学习方法合理，有工作计划；操作技能符合规范要求；能按要求正确操作；获得了进一步学习的能力					10分	
工作过程	遵守管理规程，操作过程符合现场管理要求；善于多角度分析问题，能主动发现、提出有价值的问题					15分	
学习态度	能发现问题、提出问题、分析问题、解决问题、创新问题					10分	
自评反馈	按时保质完成工作任务；较好地掌握了专业知识点；具有较强的信息分析能力和理解能力；具有较为全面严谨的思维能力，并能条理清楚地表达成文					25分	
	自评分数					100分	
有益的经验和做法							
总结反馈建议							

小组互评表

班级		被评小组		日期	年　　月　　日	
评价指标	评价内容			分值	分数	
信息检索	该组能有效利用网络、图书资源、工作手册查找有用的相关信息等			5分		
	该组能用自己的语言有条理地去解释、表述所学知识			5分		
	该组能将查到的信息有效地传递到工作中			5分		
感知工作	该组能熟悉工作岗位,认同工作价值			5分		
	该组成员在工作中能获得满足感			5分		
参与态度	该组与教师、同学之间相互尊重、理解、平等			5分		
	该组与教师、同学之间能够保持多向、丰富、适宜的信息交流			5分		
	该组能处理好合作学习和独立思考的关系,做到有效学习			5分		
	该组能提出有意义的问题,或能发表个人见解;能按要求正确操作;能够倾听别人意见、协作共享			5分		
	该组能积极参与,在实操过程中不断学习,综合运用信息技术的能力得到提高			5分		
学习方法	该组的工作计划、操作技能符合现场管理要求			5分		
	该组获得了进一步发展的能力			5分		
工作过程	该组遵守管理规程,操作过程符合现场管理要求			5分		
	该组成员能完成任务,善于多角度分析问题,能主动发现、提出有价值的问题			20分		
学习态度	该组能发现问题、提出问题、分析问题、解决问题、创新问题			5分		
自评反馈	该组能严肃认真地对待自评,并能独立完成自测试题			10分		
	互评分数			100分		
简要评述						

教师评价表

班级		组名		姓名		
评价内容	评价要点	考查要点	分值	评分标准		分数
任务描述、接受任务	口述内容细节	(1)表述仪态自然、吐字清晰	2分	表述仪态不自然或吐字模糊扣1分		
		(2)表达思路清晰、层次分明、准确		表达思路模糊或层次不清扣1分		
任务分析、分组情况	依据流程分组分工	(1)分析流程关键点准确	3分	表达思路模糊或层次不清扣1分		
		(2)涉及理论知识回顾完整，分组分工明确		知识不完整扣1分，分工不明确扣1分		
制订计划	制订实施流程	准确制订操作流程	10分	错误一步扣1分，扣完为止		
计划实施	实验前准备	(1)安全防护用品准备	5分	每漏一项扣1分		
		(2)设备工具准备		每漏一项扣1分		
	观察涂料组成	任务实施记录	60分	见实训任务书		
	现场恢复	(1)设备归位、回收工具材料	3分	每漏一项扣1分，扣完为止		
		(2)场地5S工作	2分	每违反一项扣1分，扣完为止		
总结	任务总结	(1)依据自评分数	2分	—		
		(2)依据互评分数	3分	—		
		(3)依据个人总结评分报告	10分	依据总结内容是否到位酌情给分		
合 计			100分			

习题巩固

1. 涂料是由主要成膜物质、（　　）及辅助成膜物质组成。
   A. 次要成膜物质　　　B. 静态成膜　　　C. 颜色混合　　　D. 色觉混合

2. 常用涂料分类方法按功能可分为（　　）。
   A. 溶剂挥发干燥型、氧化聚合干燥型　　　B. 超高固体分、高固体分、中固体分
   C. 底漆、中涂、面漆、罩光清漆　　　D. 醇酸树脂漆，硝基漆，氨基漆

3. 涂料的名称为（　　）。
   A. 成膜物质的名称＋基本名称
   B. 颜色或颜料的名称
   C. 颜色或颜料的名称＋成膜物质的名称
   D. 颜色或颜料的名称＋成膜物质的名称＋基本名称

4. 主要成膜物质是（　　），是涂料的基础。
   A. 颜料　　　B. 溶剂　　　C. 增稠剂　　　D. 油类和树脂

5. 决定涂料加工的品质和涂膜性能好坏的是（　　）的性质。
   A. 颜料　　　B. 溶剂　　　C. 辅助材料　　　D. 树脂

项目六 认识面漆

 概述

面漆涂装赋予汽车车身以色彩,提高了汽车外观装饰性,随着汽车市场的不断扩大,人们对车身的外观要求越来越挑剔。汽车面漆要求漆膜的平滑性和丰满度好、光泽和鲜映性高,漆膜光亮如镜,有"深度的透明感"和"陶瓷镜面感"等。

本项目主要学习:认识面漆分类、汽车面漆认知、辨识面漆。

 目标

1. 知识目标

(1)能叙述面漆的分类;
(2)能叙述面漆和底材的关系;
(3)能复述素色漆、银粉漆、珍珠漆的视觉特点。

2. 能力目标

(1)在实车上能辨认出素色漆;
(2)在实车上能辨认出银粉漆;
(3)在实车上能辨认出珍珠漆。

3. 素质目标

(1)具备良好的沟通能力和表达能力;
(2)培养细致观察、总结分析的能力;
(3)具有与他人密切合作和规范安全地完成学习活动的能力;
(4)培养不怕苦、不怕累、热爱劳动的精神。

任务一 认识面漆分类

任务目标

(1) 能叙述面漆的分类；
(2) 能叙述面漆和底材的关系；
(3) 具备良好的沟通能力和表达能力。

任务分析

知识引入

汽车的面漆根据溶剂一般分为：有机溶剂型面漆和水性面漆。根据是否在涂料中添加金属分为：素色漆和金属漆。金属漆又包括银粉漆和珍珠漆。

金属漆里掺配了金属粉末，在不同角度下由于光线的反射和透射，会使得车色、甚至轮廓看上去有所变化。金属漆除了硬度高外，还能表现出车体的层次美。"金属漆"愈来愈普遍的另外一个原因是面漆掺配了金属粉末，硬度会增高，漆面变硬，就不容易被刮伤了。素色漆不是金属漆，更加不同于防腐漆，典型的几个颜色就是白色、黑色、大红色、黄色。这些颜色的漆料不是不能添加金属粉末，而是加了金属粉末之后，它所显现出来的颜色就不是原本的正色了。白色会变成珍珠白，黑色会变成带亮光的"炭黑"，红色会变成所谓的"酒红"，而黄色则会变成闪闪动人的"金黄"。未曾添加金属粉末的素色漆，漆面硬度会比较软，不但高速行车会被路面弹起的飞石击破，漆面也会比较容易剥落。另外，素色漆的车子在清洁时切勿直接用干布或湿布擦拭，而是要用大量的清水先冲掉附着在车漆表面的灰尘，避免坚硬的灰沙在抹布擦拭时刮伤车漆。

有机溶剂面漆、水性面漆、素色漆、银粉漆、珍珠漆，各涂层在修补车时的关系如图6-1所示。

项目六 认识面漆

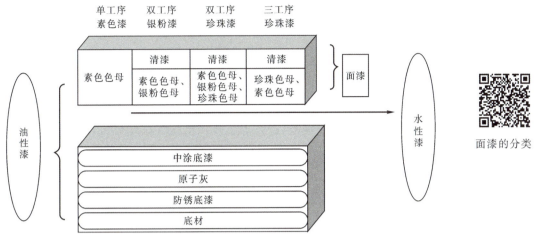

图 6-1 面漆的种类

(1)汽车常用面漆分类:汽车的面漆根据溶剂一般分为有机溶剂型面漆和水性面漆。根据是否在涂料中添加金属分为素色漆和金属漆,金属漆又包括银粉漆和珍珠漆。

(2)面漆和底材在修补车上的关系:底材之上依次有防锈底漆、原子灰、中涂底漆、面漆涂层;最后有的有罩光清漆(双工序或者三工序),有的没有罩光清漆(单工序)。

任务二 汽车面漆认知

任务目标

(1)能复述素色漆、银粉漆、珍珠漆的视觉特点;
(2)具备良好的沟通能力和表达能力。

任务分析

知识引入

（一）素色漆

素色面漆，即本色面漆、实色面漆。它通常指素色（又称实色）如黑、白、红、黄、奶白、浅黄等不掺和闪光材料（如铝粉、云母等）的各色涂料。素色按其色彩又可细分为有彩色和无彩色两种。有彩色指红、黄、蓝、绿等有颜色的色彩；无彩色指黑、白、灰等不带颜色的色彩。

素色漆

车身常用的素色面漆种类很多，常用普通型自干素色面漆，如醇酸树脂漆，既可用于车身内部涂装，又可用于车身外部涂装；常用快干型素色面漆有硝基漆、过氯乙烯苯漆和丙烯酸类面漆。

自干型面漆是指涂膜在常温条件下能干燥的各种面漆，如普通型自干面漆、快干型面漆和高装饰型自干面漆等。烤漆也叫烘漆，是按涂料的成膜方式分类而得的。此类涂料属热固型，其涂膜不能自然干燥，必须经过烘烤才能固化成形。经烘烤干燥的涂膜在硬度、附着力、耐久性、耐油性、耐水性及耐化学品等方面比自然干燥的涂膜要好得多。如油性烘漆、醇酸烘漆、氨基烘漆、环氧烘漆等。

烤漆的烘干温度和烘干时间对涂膜质量影响很大，应确定正确的烘烤工艺参数。如果烘烤温度过低、时间过短，则涂膜软、性能差。如果烘烤温度过高、时间过长，则涂膜发脆，甚至烤焦变色。如果没有达到烘烤温度，即使延长烘烤时间也不能使涂膜固化。

烤漆喷涂完后，必须放置一段时间，使涂膜中的溶剂有充分的挥发时间（晾干），然后按规定的烘干温度和时间进行烘烤干燥。这样不仅可避免烘烤期间积存过多的溶剂，也可使涂膜表面更光滑。

（二）银粉漆

银粉漆也称多色油漆、双色效应涂料。银粉漆膜在阳光照射下具有闪烁的金属光泽，而且可随着观察角度的不同产生光的变化，给人一种晶莹剔透、奇妙莫测的感觉。由于其特殊的随角异色效应，已被广泛应用于汽车面漆。

银粉漆

银粉漆是由主要成膜物质、颜料、金属颗粒、溶剂、分散剂等组成的。其中金属颗粒主要有片状金属颜料（以铝粉为主）和珠光颜料（云母颜料）。表面光滑如镜的片状金属颜料，对入射的光线有定向反射作用（片状金属在涂膜中平行排列），反射的光线经涂膜中的颜料选择吸收后呈现出漆面的颜色。由于是定向反射，所以从不同的角度观察，将达到不同的明亮度。若铝粉在涂膜中呈不规则排列，将会使涂膜的正、侧面的明度差小；若铝粉在涂膜底部，会使表面呈现较暗的颜色。金属颜料在涂膜中的布列方式及对光线的反射效应如图6-2所示。

项目六 认识面漆

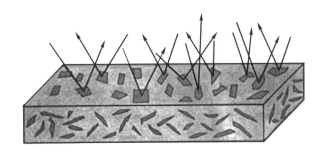

银粉色母

图6-2 金属颜料在涂膜中的布列和光线反射情况

(三)珍珠漆

珍珠漆又叫珠光颜料,是一种以云母作底材,包覆有二氧化钛或氧化铁薄膜的效应颜料。当其以平行于表面的方向定向排列时,其折射率较高的透明层次结构使入射光多次透射和反射,产生类似于自然界存在的珍珠、贝壳、飞鸟羽毛等光泽的效果,珍珠漆由此而得名。图6-3为珠光颜料的色彩原理。

珍珠色母和珍珠漆

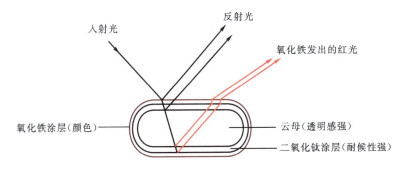

图6-3 珠光颜料的色彩原理

珍珠漆除具有随角异色效应外,还具有耐磨、耐候、耐高温及抗腐蚀性等特点。汽车常用的珍珠漆主要是氨基树脂和丙烯酸树脂漆。丙烯酸树脂漆的特点是外观优良,涂膜的附着力强、不起泡、没有针孔,金属装饰性、丰满度和清晰度极好,常作为汽车面漆使用。各色氨基树脂漆是由两大部分组成,组分一是由氨基树脂、醇酸树脂、透明颜料、有机溶剂调配而成;组分二是闪光铝粉浆。

(四)美术涂料及性能简介

美术涂料除具有一般涂料的保护作用外,其涂膜还能形成各种各样美丽的图案或花纹,赋予物体表面以优美的装饰性。常用的品种有皱纹漆、锤纹漆、裂纹漆等。

1. 皱纹漆

皱纹漆是由皱纹漆料、颜料、填料经过研磨,加入聚合度不同的桐油和催干剂,用有机溶剂调和而成。其形成的涂膜表面皱纹连续而均匀,但不同于普通涂料的涂膜表面皱纹缺陷,皱纹漆不仅美观,而且有隐藏物体表面粗糙度和缺陷的作用。但皱纹漆膜表面容易积聚灰尘、污垢等且不易清除。

皱纹漆膜的形成机理是利用涂料中聚合度不同的桐油和催干剂特性,使涂膜在干燥过程中因干燥速度不一,表面干燥快而起皱。皱纹起皱的程度与颜料的种类和数量有关,一般颜料多的花纹粗,颜料少的花纹细。另外还与涂料的黏度和涂膜的厚度有关。

常用的皱纹漆有酚醛皱纹漆、醇酸皱纹漆等。如 C17-51 各色醇酸皱纹漆,它是由干性油改性醇酸树脂与桐油、着色颜料、体质颜料等研磨后,加入较多的催干剂、二甲苯调制而成。皱纹漆分中、细两种花纹。涂膜坚韧,对金属有良好的附着力,显现出均匀美观的皱纹。适用于科学仪器、仪表、电器及各种小型机械等。

2. 锤纹漆

锤纹漆是由锤纹漆料与非浮型铝粉浆及挥发速度适宜的稀释剂调制而成的。其所形成的涂膜能呈现铁锤锤打上的花纹,雅致美观,光亮坚硬。若采用不同的施工方法,可得到不同的表面花纹。

锤纹漆的形成机理是由喷枪喷出的漆雾溅落在物体表面上,形成许多凹状圆斑,圆斑相互连接并有连接界限。在涂膜流平干燥过程中,借助溶剂挥发而产生的作用力使漆料上浮,铝粉旋转下沉,从而形成一个个浅碟形的、闪烁着金属光泽的锤纹。

常用的锤纹漆有氨基、硝基、过氯乙烯、氯化橡胶锤纹漆等。如 833 自干锤纹漆、A16-51 各色氨基烘干锤纹漆、A16-52 各色氨基烘干锤纹漆、Q16-31 各色硝基锤纹漆、J16-31 氯化橡胶锤纹漆(适用于不宜烘干的物体表面)。

3. 裂纹漆

裂纹漆是硝基漆的一个品种,是由含量少的硝基树脂、大量的颜料、少量增塑剂及挥发速度极快的溶剂调制而成。裂纹的形成机理是由于硝化棉含量极少,颜料多,溶剂的挥发速度极快,使得涂膜形成后的收缩性大;而其中的增塑剂极少,又使得涂膜的韧性差,导致涂膜开裂,形成不均匀的美丽裂纹,呈现出涂膜底层颜色。如 Q18-31 各色硝基裂纹漆是由硝化棉、着色颜料、较多的体质颜料和稀释剂组成,具有均匀美观的外形,但附着力差。

裂纹漆膜的附着力极差(树脂太少),硬度高但易脱落。因此在裂纹涂膜的表面必须涂上一层罩光清漆加以保护,同时可提高涂膜表面的亮度及光洁度。

任务总结

(1)汽车常用的有机溶剂面漆有素色漆、银粉漆、珍珠漆以及其它美术涂料。

(2)汽车涂料面漆的用途有:保护汽车免受大气中各种腐蚀介质的侵蚀,装饰汽车,标识汽车的种类,提高汽车的舒适性和密封性,降低振动产生的噪声。

实训　辨识面漆

【任务说明】

使学习者在不同汽车上能辨认出素色漆、银粉漆和珍珠漆,总结漆面特点,为不同种类面漆调色打下基础。

【任务目标】

(1)在实车上能辨认出素色漆;

(2)在实车上能辨认出银粉漆;

(3)在实车上能辨认出珍珠漆;

(4)具备良好的沟通能力和表达能力;

(5)培养细致观察、分析总结的能力;

(6)具有与他人密切合作和规范安全地完成学习活动的能力;

(7)培养不怕苦、不怕累、热爱劳动的精神。

【任务分析】

物料准备要求见表6-1。

表6-1　物料准备要求

序号	名称	规格及技术要求	数量	类别
1	手电筒	观察面漆	4	工具
2	素色漆面车辆	轿车,户外停放的车辆	4	工具
3	银粉漆面车辆	轿车,户外停放的车辆	4	工具
4	珍珠漆面车辆	轿车,户外停放的车辆	4	工具
5	白纸	A4规格	4	耗材
6	笔	普通签字笔	4	耗材

实训实施

(一)作业前穿戴防护用品

本次实训不需要穿戴防护用品。

(二)检查设备和工具

检查设备情况,准备相关工具。

(1)不同种类面漆的车若干辆。

(2)如图6-4所示,准备电量充足的手电筒。

图6-4 手电筒

(三)辨识面漆

1.辨识素色漆

(1)以小组为单位去户外停车场寻找素色漆车辆(图6-5)。

(2)从正面观察漆面,把结果记录在A4纸上。

图6-5 素色漆车辆

2.辨识银粉漆

(1)以小组为单位去户外停车场寻找银粉漆车辆(图6-6)。

(2)迎光观察漆面,把结果记录在 A4 纸上。

(3)背光观察漆面,把结果记录在 A4 纸上。

3. 辨识珍珠漆

(1)以小组为单位在车间和户外停车场寻找珍珠漆车辆(图 6-7)。

(2)在车间用手电筒多角度观察漆面,把结果记录在 A4 纸上。

(3)户外阳光下(阴天用手电筒)观察珍珠漆面,把结果记录在 A4 纸上。

图 6-6　银粉漆车辆

图 6-7　珍珠漆车辆

(四)现场整理

如图 6-8 所示,回收 A4 纸,收集签字笔。

图 6-8　签字笔

(1)素色漆:从不同角度观察,颜色差异变化比较小;室内和室外观察变化不大。

【劳动佳句】

劳动是社会中每个人不可避免的义务。

——卢梭

（2）银粉漆：从迎光角度观察比从背光角度观察明显鲜亮；在阳光下或者手电筒光照下观察能看到金属片闪闪发亮。

（3）珍珠漆：从不同角度观察，看到的颜色不一样。在户外阳光下或者手电筒光照下观察，能看到类似珍珠在阳光下发出的五颜六色的光。

项目六 认识面漆

实训任务书

【实训任务记录】

（一）作业前穿戴防护用品

（二）准备工具与材料

（三）辨识面漆

1. 步骤一：辨识素色漆

请你填写辨识素色漆后总结的素色漆的特点。（共10分）

正面观察：_____

2. 步骤二：辨识银粉漆

请你填写辨识银粉漆后总结的银粉漆的特点。（共20分，每项10分）

迎光观察：_____

背光观察：_____

3. 步骤三：辨识珍珠漆

请你填写辨识珍珠漆后总结的珍珠漆的特点。（共30分，每项10分）

正面观察：_____

侧面观察：_____

通透性：_____

（四）现场整理

评价反馈

个人自评表

班级		组名		姓名		日期	年　　月　　日
评价指标	评价内容					分值	分数
信息检索	能有效利用网络、图书资源、工作手册查找有用的相关信息等；能用自己的语言有条理地解释、表述所学知识；能将查到的信息有效地运用到工作中					10分	
感知工作	熟悉工作岗位，认同工作价值；在工作中能获得满足感					10分	
参与态度	积极主动参与工作，吃苦耐劳、崇尚劳动光荣、技能宝贵；与教师、同学之间相互尊重、理解；与教师、同学之间能够保持多向、丰富、适宜的信息交流					10分	
	探究式学习、自主学习不流于形式，能处理好合作学习和独立思考的关系，做到有效学习；能提出有意义的问题或能发表个人见解；能按要求正确操作；能够倾听别人意见、协作共享					10分	
学习方法	学习方法合理，有工作计划；操作技能符合规范要求；能按要求正确操作；获得了进一步学习的能力					10分	
工作过程	遵守管理规程，操作过程符合现场管理要求；善于多角度分析问题，能主动发现、提出有价值的问题					15分	
学习态度	能发现问题、提出问题、分析问题、解决问题、创新问题					10分	
自评反馈	按时保质完成工作任务；较好地掌握了专业知识点；具有较强的信息理解能力和分析能力；具有较为全面严谨的思维能力，并能条理清楚地表达成文					25分	
自评分数						100分	
有益的经验和做法							
总结反馈建议							

小组互评表

班级		被评小组		日期	年　　月　　日	
评价指标	评价内容			分值	分数	
信息检索	该组能有效利用网络、图书资源、工作手册查找有用的相关信息等			5分		
	该组能用自己的语言有条理地解释、表述所学知识			5分		
	该组能将查到的信息有效地运用到工作中			5分		
感知工作	该组熟悉工作岗位,认同工作价值			5分		
	该组成员在工作中能获得满足感			5分		
参与态度	该组与教师、同学之间相互尊重、理解、平等			5分		
	该组与教师、同学之间能够保持多向、丰富、适宜的信息交流			5分		
	该组能处理好合作学习和独立思考的关系,做到有效学习			5分		
	该组能提出有意义的问题,或能发表独到见解;能按要求正确操作;能够倾听他人意见、协作共享			5分		
	该组能积极参与,在实操过程中不断学习,综合运用信息技术的能力得到提高			5分		
学习方法	该组的工作计划、操作技能符合现场管理要求			5分		
	该组获得了进一步发展的能力			5分		
工作过程	该组遵守管理规程,操作过程符合现场管理要求			5分		
	该组成员能完成任务,善于多角度分析问题,能主动发现、提出有价值的问题			20分		
学习态度	该组能发现问题、提出问题、分析问题、解决问题、创新问题			5分		
自评反馈	该组能严肃认真地对待自评,并能独立完成自测试题			10分		
	互评分数			100分		
简要评述						

教师评价表

班级		组名		姓名			
评价内容	评价要点	考查要点		分值	评分标准		分数
任务描述、接受任务	口述内容细节	(1) 表述时仪态自然、吐字清晰		2分	表述时仪态不自然或吐字不清扣1分		
		(2) 表达思路清晰、层次分明、准确			表达思路模糊或层次不清扣1分		
任务分析、分组情况	依据流程分组分工	(1) 分析流程关键点准确		3分	表达思路模糊或层次不清扣1分		
		(2) 涉及的理论知识回顾完整，分组分工明确			知识不完整扣1分，分工不明确扣1分		
制订计划	制订实施流程	准确制订操作流程		10分	错误一步扣1分，扣完为止		
计划实施	实验前准备	(1) 安全防护用品准备		5分	每漏一项扣1分		
		(2) 设备工具准备			每漏一项扣1分		
	辨识面漆	任务实施记录		60分	见实训任务书		
	现场恢复	(1) 回收工具耗材		3分	每漏一项扣1分，扣完为止		
		(2) 场地5S工作		2分	每违反一项扣1分，扣完为止		
总结	任务总结	(1) 依据自评分数		2分	—		
		(2) 依据互评分数		3分	—		
		(3) 依据个人总结评分报告		10分	依据总结内容是否到位酌情给分		
合　计				100分			

习题巩固

1. 面漆根据溶剂特性分为（　　）。
   A. 素色漆　　　　　　　　B. 银粉漆
   C. 珍珠漆　　　　　　　　D. 有机溶剂面漆和水性面漆

2. 涂膜固化最重要的因素是（　　）。
   A. 温度　　　　B. 压力　　　　C. 时间　　　　D. 周围环境

3. 银粉漆中铝粉在涂膜中呈现不规则排列，会使涂膜的（　　）。
   A. 正面、侧面明度差较大　　　　B. 正面、侧面明度差较小
   C. 正面明亮、侧面较暗　　　　　D. 正面较暗、侧面明亮

4. 珍珠漆的透明感来自所含的（　　）。
   A. 二氧化钛　　　B. 云母　　　C. 氧化铁　　　D. 辅料

5. 皱纹漆起皱的程度和（　　）无关。
   A. 颜料种类和数量　　　　　　B. 喷涂的黏度
   C. 涂膜的厚度　　　　　　　　D. 喷涂的亮度

项目七　认识涂料品牌

项目概述

汽车是目前主流的代步工具,近年来,汽车款式层出不穷,而人们的爱好也是各式各样。实际用车时难免磕磕碰碰,一旦发生剐蹭等事故,首当其冲的就是车身表面涂料受损。而最基本的维修就是给汽车表面涂料进行修复。车主们往往优先选择"原厂漆"。接下来将学习较常见的汽车涂料品牌。

本项目主要学习:认识进口涂料品牌、认识国产涂料品牌、选择配套涂料。

学习目标

1. 知识目标

(1)能正确描述至少1家进口汽车涂料主流品牌的历史;
(2)能正确描述至少1家国产汽车涂料主流品牌的历史;
(3)能熟练地描述各品牌水性漆产品的特点;
(4)能正确认识涂料的配套和系统性。

2. 能力目标

能正确选择配套的涂料产品。

3. 素质目标

(1)具备良好的沟通能力和表达能力;
(2)具有与他人密切合作和规范安全地完成学习活动的能力;
(3)培养不怕苦、不怕累、热爱劳动的精神。

任务一　认识进口涂料品牌

任务目标

(1)能正确描述至少1家进口汽车涂料主流品牌的历史;

(2)能熟练地描述各品牌水性涂料产品的特点；

(3)具备良好的沟通能力和表达能力。

任务分析

知识引入

国内目前汽车4S店和综合维修厂基本都使用由主机厂家指定的汽车修补涂料品牌,它们分别是巴斯夫鹦鹉、PPG、杜邦、新劲、圣威廉(宣伟)等国际一线品牌。这些进口品牌汽车涂料具有优良的性能和丰富的色彩,以及成熟的颜色调色系统,目前市场占有率超九成。

(一)德国巴斯夫集团及其产品

1. 德国巴斯夫集团

总部设在路德维希港,在39个国家设有350多个分厂和公司。其中在德国的生产厂家共有60多个,分别位于路德维希港、明斯特、汉堡、斯图加特、曼海姆、维尔茨堡、科隆等城市。位于路德维希港的巴斯夫集团总部和巴斯夫股份公司像一座"小城市",占地面积达7平方公里。其中共有1750座建筑,100公里的街道,200公里的铁轨,2500公里的管道,建有5座发电站,此外,巴斯夫还有自己的医院、旅行社、车站。其在路德维希港工作的职工共有5.5万人。巴斯夫股份公司(BASF AG)为巴斯夫集团中最大的企业。巴斯夫的不少产品是从原油和天然气中提炼出来的。巴斯夫拥有自己的煤、石油和天然气资源。巴斯夫的附属公司Wintershall AG在世界各地勘探、开采,并提炼原油和天然气,该公司还为巴斯夫集团的下属公司提供天然气、苯、环乙炔、石脑油等原料。巴斯夫的分公司大部分在欧洲,几乎遍布欧洲所有国家。此外,在美国、日本、阿根廷、印度、新加坡、埃及、中国等也都设有分公司或分厂。

巴斯夫是全球最大的化工公司,被美国商业杂志《财富》评为"全球最受赞赏化工公司";同时在德国所有公司的跨行业评比中,巴斯夫名列第二。巴斯夫旗下的汽车修补涂料部门,负责开发和营销全系列的修补涂料产品系统,主要有环保水性修补涂料产品和高固体分低溶剂含量修补涂料产品。由于操作简便,颜色准确度高,所以众多行业领先的汽车生产商授权巴斯夫的汽车修补涂料在其售后维修站使用。

2. 巴斯夫鹦鹉水性汽车色漆的发展历程

1986年,巴斯夫涂料部德国维尔茨堡生产基地开始生产水性色漆。

1987年,巴斯夫水性色漆所涂装的第一批车辆在德国波鸿的欧宝(Opel)和瑞典歌德堡的沃尔沃(Volvo)生产基地下线。

1989年,通用汽车(General Motors)首次将水性色漆应用于其在北美的汽车生产基地。

1997年,在德国拉施塔特的戴姆勒(Daimler)引入"集成工艺"。

2000年,在日本的本田(Honda)和日产(Nissan)引入水性色漆。

2005年,在中国上海,与通用汽车合作引入水性色漆。

2006年,巴斯夫德国施瓦茨海德(Schwarzheide)生产基地生产了第10万吨水性色漆。

2008年,德国维尔茨堡生产基地产能进一步扩张。

2011年,推出Xfine金色纪念色,以展示四分之一世纪以来水性涂料的技术成果。

鹦鹉水性涂料色母为油性,所以无须恒温保存,水性油性转换无障碍。鹦鹉90系列水性涂料系统是日本国内通过环保标志认证的第一个汽车修补涂料产品,如图7-1所示。

图7-1 鹦鹉90系列水性涂料

(二)美国PPG工业公司及其产品

1. PPG工业公司

始建于1883年,总部设在美国匹兹堡市,美国财富500强企业,在全球近70个国家设有生产基地及附属机构,连续多年被《财富》杂志评为全球最受称羡的化学品公司。PPG工业公司的目标是继续保持其世界领先的涂料和特殊材料供应商的地位。凭借其在创新、可持续发展与色彩方面的领导地位,PPG以多种形式帮助来自工业、交通运输、消费品、建筑等领域及其售后市场的客户提升产品的外观。

汽车涂料是最值得PPG骄傲的主要业务之一。无论是原厂涂料还是修补涂料,PPG已经成为世界首屈一指的供应商,它的产品得到了劳斯莱斯、奔驰、法拉利、通用、宝马、奥迪等众多顶级汽车制造商的认可并成为其指定使用产品。

庞贝捷漆油贸易(上海)有限公司(以下简称庞贝捷)成立于1999年,是PPG工业集团在中国负责汽车修补涂料业务及轻工业业务的全资分支机构,总部设于上海,并在北京、广州、成都及香港设有办事处及培训中心,在苏州设有研发中心。历经多年的市场考验,公司在全中国拥有广泛的忠实用户、完善的服务网络和品牌知名度,得到了所服务行业的一致认可。目前,经营 PPG 和 Nexa Autocolor 两大修补涂料品牌,旗下有达壮、2K、皓彩、EmaXX 和威宝等多种产品系列。步入 21 世纪,庞贝捷率先将全球领先的水性修补涂料 Aquabase PLUS 和 Envirobase High Performance(图 7-2)两大产品系列先后引入中国市场,获得了用户的一致认可。

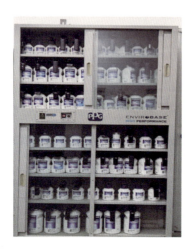

图 7-2 恒温柜中保存的 PPG 水性涂料

2. PPG 水性涂料发展历程

1986 年 PPG 在原厂使用水性涂料技术。

1989 年全球率先上市水性涂料产品。

1992 年 Nexa Autocolor 研发并上市了水性汽车修补涂料系统,专利微胶抗沉淀科技,带来持久一致的颜色。

1994 年 Aquabase 技术获英国国家汽车贸易奖的最新产品奖。PPG 在中国天津经济技术开发区投资建立涂料公司,生产汽车高温漆。

1995 年 Aquabase 技术获英女王环保奖。

1998 年 Aquabase 推出符合挥发性有机化合物(Volatile Organic Compounds,VOC)法规要求的三工序珍珠色漆修补工艺及产品。

1999 年 PPG 在欧洲上市 MaxMayer AquaMax 和 Envirobase 系统;PPG 收购 ICI Autocolor 专业涂料公司,ICI Autocolor 正式更名为 Nexa Autocolor。

2001 年 Envirobase 修补底漆系统成功进入北美市场。

2002 年 PPG Envirobase 技术获英国交通管理学院杰出创新奖。

2003 年 Aquabase 水性汽车修补涂料进入中国市场,成为中国水性汽车修补涂料领导品牌。

2005年PPG荣幸地成为北京吉普/梅赛德斯奔驰的新工厂的供应商。推出全新升级的Aquabase PLUS,继续引导水性汽车修补漆潮流。

2006年Aquabase PLUS被日本本田Acura品牌指定为中国地区售后水性涂料品牌。

2008年配合梅赛德斯-奔驰开始中国地区特约维修站的水性涂料转换。

2009年国内高教系统水性汽车涂料喷涂培训中心落户上海交通职业技术学院。

2010年PPG获福建戴姆勒汽车工业有限公司认可,指定为其集中供应项目水性修补涂料供应商。

2010年PPG与17所高校签约,绿色环保水性涂料联合喷涂校企合作。

2011年PPG与教育部正式签约,启动喷涂专业校企合作项目。

2012年PPG成为英菲尼迪水性涂料供应商。

2013年PPG发布多媒体标准化汽车修补涂料水性底色漆喷涂网上教程。

2013年PPG协办第五届全国交通运输行业职业技能竞赛,这也是使用水性涂料喷涂的国家级赛事。

(a)传统技术　　　　(b)微胶抗沉淀技术

图7-3　微胶抗沉淀技术效果示意

自1992年起,PPG的水性底色漆系统(无论是修补涂料还是原厂涂料)就已在全球范围内销售。由于是纯水性漆,所以要使用塑料罐包装,并放置在恒温柜保存。其具有独创的高科技微胶抗沉淀技术。产生颜色效果的颜料悬浮于水性丙烯酸乳胶树脂中,该树脂的独特配方设计使产品效果出色。坚固的乳胶提供牢固的颜色。乳胶颗粒紧密地粘贴在一起,保证涂料稳定性。颜料和树脂保持悬浮状态,防止沉淀。Aquabase PLUS和Envirobase High Performance采用了微胶抗沉淀技术(图7-3),均为分散均匀的低VOC、稳定的乳胶树脂颜料悬浮液,只需轻松上下翻转摇晃包装罐即可开始调色。

(三)荷兰阿克苏诺贝尔公司及其产品

1. 阿克苏诺贝尔公司

阿克苏诺贝尔是全球领先的涂料企业,也是专业化学品的主要生产商。为全球工业与广大消费者提供创新产品,全力投入为客户打造各种可持续发展的解决方案。旗下品牌阵容鼎盛,拥有多乐士（Dulux）、新劲（Sikkens）、国际（International）和依卡（Eka）等著名品牌。阿克苏诺贝尔总部设在荷兰阿姆斯特丹，一贯在可持续发展领域保持领先。广布全球80多个国家的55000名员工不断追求卓越，力争"今日提交明日答案"（Tomorrow's Answers Today）。

新劲，作为阿克苏诺贝尔汽车涂料的旗舰品牌和高质量涂料产品之一，已有200多年历史。新劲汽车喷涂系统在行业中拥有全球领先地位，为客户提供高性能的油漆产品、有效控制成本方案及高品位的全套服务。

新劲油漆产品与服务是为修理厂提供增值服务的佼佼者，归因于其在帮助修理厂赢利方面的卓越贡献。长期以来，新劲全套服务包括安装和升级用于汽车修理行业的 IT 管理系统。新劲品牌的主要理念是："新劲，伴您共创无限价值"。

2. 新劲水性涂料

Sikkens Autowave 水性汽车涂料并不是作为单个产品出现，而是以一套技术解决方案出现在客户面前的。Sikkens Autowave 将成为汽车车身修补涂料的全球主力产品，如图 7-4 所示。从目前欧洲市场的反应来看，该产品完全能够满足汽车制造商对于健康、环保和车身质量的严格要求。

图 7-4　新劲水性涂料

（四）美国宣伟公司及其产品

1. 宣伟－威廉姆斯（Sherwin-Williams）

1866 年亨利·宣伟先生和爱德华·威廉姆斯先生携手在美国创建了宣伟公司，成为世界上成立最早的专业涂料公司之一。

经过 150 多年的努力进取，如今总部位于美国俄亥俄州克利夫兰市的宣伟已发展成全球最大的专业涂料公司，旗下品牌包括 Sherwin-Williams，Dutch Boy，Krylon，Minwax 等，业务遍及 30 多个国家和地区，拥有 3 万多名员工和 3400 多家遍及北美的自营专卖店，在涂料领域处于国际领先地位。

宣伟公司是美国财富 500 强企业之一，公司每年投入数千万美元用于研发，其聚合物实验

项目七 认识涂料品牌

室不断改进涂料最基本成分的设计,以提高产品的绿色环保、耐久性、附着力和整体性能,保证其产品的优异品质。

2. **宣伟水性涂料**

AWXP 水性汽车修补涂料,如图 7-5 所示,采用宣伟独有的专利树脂技术,克服了传统水性涂料的众多缺点,为水性涂料的使用和推广打下了坚实的基础。AWXP 水性汽车修补涂料在降低 VOC 的前提下,兑现了高生产性和高利润性的承诺,他们的目标是:在保护环境的同时带来全球顶尖的科技成果和创新技术。

图 7-5 宣伟水性涂料

(五)2020 年全球十大涂料公司排行榜

截至 2020 年,全球涂料公司 TOP 10 排行如表 7-1 所示。

表 7-1 2020 年全球涂料公司 TOP 10

排名	公司	2019 年营收/亿美元	国家
1	宣伟	154.58	美国
2	PPG 工业	151.46	美国
3	阿克苏诺贝尔	103.93	荷兰
4	立邦	61.832	日本
5	立帕麦	55.646	美国
6	艾仕得	44.822	美国
7	巴斯夫	41.971	德国
8	关西涂料	37.641	日本
9	亚洲涂料	26.802	印度
10	佐敦	22.286	挪威

任务总结

国内中高端品牌汽车主机厂及售后维修企业中大部分都是指定巴斯夫鹦鹉、PPG、杜邦、新劲等若干国际汽车涂料品牌为供应商,因此需要学习各主流国际汽车涂料的发展史、擅长的技术,尤其是水性涂料技术发展及应用,为未来更好地服务汽车售后领域奠定基础。

任务二 认识国产涂料品牌

任务目标

(1)能正确描述至少1家国产汽车涂料主流品牌的历史;
(2)能熟练地描述各品牌水性涂料产品的特点;
(3)具备良好的沟通能力和表达能力。

任务分析

知识引入

我国汽车工业发展起步较晚,国产品牌汽车涂料发展就更晚,所以在汽车涂料技术方面落后于国际一线涂料品牌,市场占有率也是比较低的。一般国产品牌汽车涂料比进口品牌汽车涂料便宜,在中、低端车上使用比较普遍。

(一)国产涂料发展概况

2015年,对于我国涂料行业来说,可谓是意义重大,因为这是中国现代涂料工业走过百年历史的重大时刻。1915年,阮霭南、周元泰用一台挤出机、几口熬油锅创建了上海开林造漆厂,中国涂料产业自此在上海发端。历经百年时光,我国已发展成为世界最大的涂料生产国。涂料行业百年的辉煌,凝聚了数代中国涂料人的辛勤和汗水、拼搏与执着,也是数代涂料人集体智慧的结晶与传承。

(二) 东来高飞漆

1. 东来涂料技术（上海）股份有限公司

融合产业资本、全球人才、上游资源，为世界市场提供汽车涂料和3C工业涂料的增值服务和涂装解决方案，Onwings、Onwaves、fixs皆为其旗下品牌。

目前国内汽车修补涂料的品牌以高飞漆为代表，由于合资汽车公司外方厂家认证资格门槛较高，国际500强公司几乎垄断了汽车修补涂料行业90%的市场。Onwings高飞涂料，作为国内唯一的由中国人创立的汽车修补涂料国际品牌，进入了近千家主流4S店，客户包括保时捷、奥迪、丰田、日产、大众、标致、别克等，并且成功进入国际市场。

2. 高飞水性涂料发展历程

高飞水性涂料，如图7-6所示，其发展历程如下：

图7-6 高飞水性涂料

2006年7月，东来涂料启动水性汽车修补涂料研发项目，荷兰阿姆斯特丹研发中心承担主要研发工作。

2008年6月，基于水性PU的传统经典E系统和基于水性PUD的全球创新W系统研发进展顺利，取得阶段性成果。

2008年8月，中国上海研发应用中心启动适应性研发阶段。

2010年3月，成功避开"先发包袱"困境和"路径依赖"魔咒，整合全球最新材料科技成果，全面创新研发思维。高飞水性修补涂料W系统正式发布，开始规模生产并正式上市。

2013年6月，东来涂料Onwaves高飞水性涂料在日产水性汽车修补涂料全球公开招标中脱颖而出，成为东风日产同时兼具油性、水性合作资质的战略伙伴。

2013年6月，东来涂料Onwaves高飞涂料为广汽本田官方认证水性修补涂料合作伙伴。

2014年12月，东来涂料与沃尔沃(Volvo)汽车签署修补漆全球认证协议。协议约定Volvo全球汽车售后VIDA系统，同时包含东来高飞汽车修补涂料系统的溶剂型涂料"Onwings"和水性涂料"Onwaves"系列。

2015年8月,东来涂料与美国福特汽车(Ford Motor)正式签署修补涂料全球认证协议文件,东来高飞汽车修补涂料系统Onwings、Onwaves将在全球Ford旗下所有品牌授权维修系统官方推荐使用。东来涂料Ford全球供应链代码:GYMY。

2016年8月,林肯(中国)售后修补涂料认证供应商名单正式发布,林肯中国官方推荐东来高飞汽车修补涂料Onwaves水性涂料全系统使用。

2017年7月,东来涂料溶剂型涂料Onwings和水性涂料Onwaves再次成为一汽大众集采合作供应商之一。

2017年10月,凭借Onwaves水性溶剂型涂料、Onwings溶剂型涂料的出众表现,东来涂料成为一汽奥迪售后修补涂料认证推荐品牌,授权在全国奥迪店官方使用。

2018年8月,东来涂料高飞Onwaves水性修补涂料通过了蔚来汽车严格质量技术认证,正式进入蔚来汽车售后系统,为中国新能源汽车贡献独特专业的力量。

2019年10月,全球豪华汽车品牌英菲尼迪(Infiniti)官方发布:全面导入东来高飞Onwings溶剂型涂料和Onwaves水性涂料产品体系,为旗下4S店提供更中国、更高端的产品服务支持。

(三)国产涂料和进口涂料的差距

目前,国产涂料和进口涂料性能差距很大,大多数厂家的汽车涂料调色系统都不够完善,不仅无法提供全球各种汽车颜色的配方和色卡,甚至有的汽车涂料颜色都无法调配出来。使用这些不完善的调漆系统必须完全依赖调漆师傅的经验,所以我们经常见到很多汽车涂料调漆店里会同时存在很多品牌的色母涂料,调漆师傅根据自己多年的经验选择这个品牌的红色、那个品牌的蓝色和另一个品牌的黄色或银粉珍珠。这样在调漆的过程中就会造成很多质量隐患和调配过程涂料的浪费,同时也造成学调漆难度大的现象。

值得注意的是,虽然国际品牌涂料兼容性比较好,但是还是建议调色技师在调色过程中坚持使用同一品牌,同一颜色系统调色。通过加深对不同品牌涂料的了解,学习油漆特性、差别、不同的调色系统,从而能快速、准确地调配出我们所需要的颜色。

(四)2020年中国涂料企业排行榜

中国作为全球最大的汽车涂料市场之一,具有极大的发展潜力,涂料销售量惊人,不少国产品牌也名列榜单,如表7-2所示。

表 7-2　2020 年中国涂料市场销售量 TOP 10

排名	涂料品牌	2020 年涂料销售量/t
1	立邦漆	4640881
2	宣伟涂料	1612412
3	三棵树	960576
4	阿克苏诺贝尔	582326
5	亚士创能科技	405100
6	嘉宝莉	383279
7	北京东方雨虹	363008
8	浙江兄弟	350000
9	广东美涂士	336252
10	广东巴德士	330000

国内品牌汽车涂料发展较晚,通过不断学习,并加强自主创新,取得了一系列的成绩。但我国整体化工水平较国外存在一定差距,国产汽车涂料的崛起还有很长的路需要走。作为行业从业人员,支持国产品牌应是我们的共识。

实训　选择配套涂料

【任务说明】

查阅资料,根据实际选择配套的稀释剂,通过实训正确认识涂料的配套性和系统性。

【任务目标】

(1) 能正确选择配套的油漆产品;

(2) 具备良好的沟通能力和表达能力;

(3) 具有与他人密切合作和规范安全地完成学习活动的能力;

(4) 培养不怕吃苦、不怕累、热爱劳动的精神。

【任务分析】

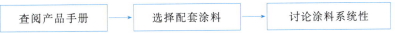

物料准备

物料准备要求见表 7-3。

表 7-3 物料准备要求

序号	名称	规格及技术要求	数量	类别
1	鹦鹉 90 系列水性涂料	实色色母、调和树脂、水性调整剂各 1 罐	4 套	耗材
2	PPG Aquabase PLUS 水性涂料	实色色母、水性稀释剂各 1 罐	4 套	耗材
3	国产水性涂料	实色色母、稀释剂各 1 罐	4 套	耗材
4	涂料产品手册	鹦鹉、PPG、国产涂料各 1 本	4 套	工具
5	安全鞋	鞋子前部有防刺穿钢板,符合劳保要求	足量	防护
6	工作服	符合《个体防护装备配备规范》GB 39800-2020 的要求	足量	防护

实训实施

(一)作业前穿戴防护用品

正确穿戴防护用品(图 7-7)。

(1)工作服;

(2)安全鞋。

图 7-7 穿戴防护

(二)检查涂料罐和相关产品手册

检查涂料情况,耗材数量(图 7-8)。

(1)4 套涂料产品手册;

(2)涂料罐未开封、无破损;

(3)稀释剂罐未开封、无破损;

(4)所有涂料混合无序摆放。

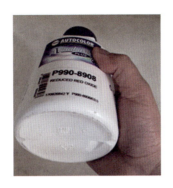

图7-8 检查工具材料

(三)选择配套涂料

1. 查阅产品手册

如图7-9所示,各组观察摆放的涂料,小组协作查阅涂料产品手册,并记录查询到的信息。

2. 选择配套的涂料

各组根据记录的信息,将混乱的涂料按鹦鹉漆、PPG漆、国产漆顺序分类摆放,如图7-10所示,并记录对应的稀释剂添加比例。

图7-9 涂料产品手册　　图7-10 涂料分类摆放

3. 讨论涂料的系统性

各组结合涂料产品技术手册信息,使用手机上网查询,涂料不配套使用会产生什么后果,记录查询到的答案。

(四)现场整理

实训结束,整理现场,做好现场5S。

(1)将涂料放回储藏柜(图7-11);

(2)完成现场5S。

图 7-11 涂料储藏柜

（1）根据涂料的品牌查询对应的涂料产品使用手册。

（2）严格遵循手册要求，选择配套的涂料使用。

（3）不同品牌的涂料不能混用，如果混用会导致质量问题。

【劳动佳句】

劳动受人推崇。为社会服务是很受人赞赏的道德理想。

——杜威

实训任务书

【实训任务记录】

(一)作业前穿戴防护用品

(二)检查涂料罐和相关产品手册

(三)选择配套涂料

1. 步骤一:查阅产品手册(共 30 分,每空 10 分)

(1)你查询到的鹦鹉漆色母配套的稀释剂是_____。

(2)你查询到的 PPG 漆色母配套的稀释剂是_____。

(3)你查询到的国产漆色母配套的稀释剂是_____。

2. 步骤二:选择配套的涂料(共 20 分,每空 5 分)

(1)三种品牌涂料分类的摆放结果:

☐正确　　　☐错误

(2)结合涂料产品手册信息,填写三种品牌涂料的稀释剂配比。

鹦鹉漆的配比:_____。

PPG 漆的配比:_____。

国产漆的配比:_____。

3. 步骤三:讨论涂料的系统性(共 10 分)

依据涂料产品手册信息,结合手机网上搜索结果,针对不同品牌的油漆混合使用,小组讨论结果是_____

_____

(四)现场整理

个人自评表

班级		组名		姓名		日期	年　　月　　日
评价指标	评价内容					分值	分数
信息检索	有效利用网络、图书资源、工作手册查找有用的相关信息等；能用自己的语言有条理地解释、表述所学知识；能将查到的信息有效地运用到工作中					10分	
感知工作	熟悉工作岗位，认同工作价值；在工作中能获得满足感					10分	
参与态度	积极主动参与工作，吃苦耐劳，崇尚劳动光荣、技能宝贵；与教师、同学之间相互尊重、理解；与教师、同学之间能够保持多向、丰富、适宜的信息交流					10分	
	探究式学习、自主学习不流于形式，能处理好合作学习和独立思考的关系，做到有效学习；能提出有意义的问题或能发表个人见解；能按要求正确操作；能够倾听别人意见，协作共享					10分	
学习方法	学习方法合理，有工作计划；操作技能符合规范要求；能按要求正确操作；获得了进一步学习的能力					10分	
工作过程	遵守管理规程，操作过程符合现场管理要求；善于多角度分析问题，能主动发现、提出有价值的问题					15分	
学习态度	能发现问题、提出问题、分析问题、解决问题、创新问题					10分	
自评反馈	按时保质完成工作任务；较好地掌握了专业知识点；具有较强的信息理解能力和分析能力；具有较为全面严谨的思维能力，并能条理清楚地表达成文					25分	
	自评分数					100分	
有益的经验和做法							
总结反馈建议							

小组互评表

班级		被评小组		日期	年　月　日
评价指标	评价内容			分值	分数
信息检索	该组能有效利用网络、图书资源、工作手册查找有用的相关信息等			5分	
	该组能用自己的语言有条理地解释、表述所学知识			5分	
	该组能将查到的信息有效地运用到工作中			5分	
感知工作	该组熟悉工作岗位,认同工作价值			5分	
	该组成员在工作中能获得满足感			5分	
参与态度	该组与教师、同学之间相互尊重、理解、平等			5分	
	该组与教师、同学之间能够保持多向、丰富、适宜的信息交流			5分	
	该组能处理好合作学习和独立思考的关系,做到有效学习			5分	
	该组能提出有意义的问题,或能发表独到见解;能按要求正确操作;能够倾听他人意见、协作共享			5分	
	该组能积极参与,在实操过程中不断学习,综合运用信息技术的能力得到提高			5分	
学习方法	该组的工作计划、操作技能符合现场管理要求			5分	
	该组获得了进一步发展的能力			5分	
工作过程	该组遵守管理规程,操作过程符合现场管理要求			5分	
	该组成员能完成任务,善于多角度分析问题,能主动发现、提出有价值的问题			20分	
学习态度	该组能发现问题、提出问题、分析问题、解决问题、创新问题			5分	
自评反馈	该组能严肃认真地对待自评,并能独立完成自测试题			10分	
互评分数				100分	
简要评述					

教师评价表

班级		组名		姓名		
评价内容	评价要点	考查要点	分值	评分标准		分数
任务描述、接受任务	口述内容细节	(1)表述时仪态自然、吐字清晰	2分	表述时仪态不自然或吐字不清扣1分		
		(2)表达思路清晰、层次分明、准确		表达思路模糊或层次不清扣1分		
任务分析、分组情况	依据流程分组分工	(1)分析流程关键点准确	3分	表达思路模糊或层次不清扣1分		
		(2)涉及的理论知识回顾完整，分组分工明确		知识不完整扣1分，分工不明确扣1分		
制订计划	制订实施流程	准确制订操作流程	10分	错误一步扣1分，扣完为止		
计划实施	实验前准备	(1)安全防护用品准备	5分	每漏一项扣1分		
		(2)设备工具准备		每漏一项扣1分		
	辨识面漆	任务实施记录	60分	见实训任务书		
	现场恢复	(1)回收工具耗材	3分	每漏一项扣1分，扣完为止		
		(2)场地5S工作	2分	每违反一项扣1分，扣完为止		
总结	任务总结	(1)依据自评分数	2分	—		
		(2)依据互评分数	3分	—		
		(3)依据个人总结评分报告	10分	依据总结内容是否到位酌情给分		
合 计			100分			

习题巩固

1. 以下哪个涂料品牌是产自德国的？（　　）
   A. 杜邦　　　　B. 新劲　　　　C. 鹦鹉　　　　D. 立邦

2. 以下哪种水性涂料不需要恒温保存？（　　）
   A. 高飞水性涂料　　　　　　B. 鹦鹉水性涂料
   C. PPG 水性涂料　　　　　　D. 宣伟水性涂料

3. 以下哪家公司跟教育部正式签约,启动喷涂专业校企合作项目？（　　）
   A. PPG　　　　B. 宣伟　　　　C. 巴斯夫　　　　D. 雅图

4. 以下汽车品牌中不是东来高飞涂料合作伙伴的是？（　　）
   A. 日产　　　　B. 广汽本田　　　　C. 英菲尼迪　　　　D. 奔驰

5. 不同品牌的汽车涂料色母能否混用？（　　）
   A. 可以　　　　　　　　　　B. 不可以

第三篇 调色实践

概 述

随着时代的发展,人们的精神生活和物质生活水平不断提高,汽车不再仅仅是代步的工具。如今,人们越来越看重汽车色彩所体现的产品个性。在汽车修补涂装过程中,调色技术员将面对越来越多千变万化的颜色,调色的难度不断加大,对调色技术员的要求不断提高。调色技术员不仅要有扎实的颜色基础理论,而且要有丰富的调色实践经验。

本篇主要探讨汽车修补涂装中的调色过程。包括对三种有代表性的汽车涂料——素色漆、银粉漆、珍珠漆和因环保要求逐渐普及的水性涂料的施工流程介绍,以及对四个调色任务的具体实施。学生在穿戴安全防护用品的条件下,掌握相应的调色流程,在调色过程中正确比色,分析颜色走向的变化规律并尽量减少色差,使汽车涂料调色技术系统化、规范化,最终达到无痕迹修补。

项目八 素色漆调色作业

项目概述

汽车涂装修补作业中,最为重要的任务就是恢复损坏区域面漆的颜色,将修补后的区域与周围未损坏区域进行完美匹配。素色漆是最为常见的汽车面漆种类之一。修补素色漆就要求涂装技术人员通过重新调配,使维修所用素色面漆颜色能够与实际车身面漆颜色统一。

本项目主要学习:认识素色漆、素色漆调色分析、素色漆调色施工。

学习目标

1. 知识目标

(1)能叙述配色概念;
(2)能叙述素色漆定义和特点;
(3)能叙述素色漆调色的基本流程。

2. 能力目标

(1)能分析影响素色漆调色效果的因素;
(2)能根据规范流程完成素色漆调色;
(3)能正确比色,分析素色漆的色差,能进行微调。

3. 素质目标

(1)具备良好的沟通能力和表达能力;
(2)具有与他人密切合作和规范安全地完成学习活动的能力;
(3)培养严谨细致、一丝不苟、精益求精的工匠精神;
(4)培养不怕吃苦、不怕累、热爱劳动的精神。

任务一 认识素色漆

(1)能叙述配色概念；
(2)能叙述素色漆定义和特点；
(3)具备良好的沟通能力和表达能力。

配色概念 → 素色漆定义 → 素色漆特点

（一）配色概念

汽车修补涂装主要分为四大步骤：底材处理、施涂原子灰、施涂中涂底漆和施涂面漆。施涂面漆前需要使所喷面漆与待修补车的颜色一致，这就需要配色，也叫调色。所以配色是将两种或两种以上的涂料混在一起以产生目标颜色的工序。每年汽车制造商推出的新车会有许多新的颜色，再加上以前的车辆上所用的颜色，那么颜色的种类已达数万种。涂料供应商不可能制造这么多不同颜色的涂料并储存起来，以供修补涂装使用。因此，涂料制造商就提供几十种只含一种基本颜色的涂料（这种涂料也叫色母），汽车表面千变万化的颜色都是由这些数量有限的色母调配而成。

配色概念

目前汽车修补涂料主要采取两种方法设计色母系统。

一种是把色母分为两套，一套是单工序面漆的色母，另一套是双工序和三工序面漆的色母。大多数国产漆采用这个系统。两套色母不能混用，否则势必造成色母数量增加，使得调色人员掌握色母特性的难度提高。

另一种是只使用一套色母，调色后在色母中加入树脂，由加入的树脂类型决定面漆的性质是单组分或双组分。单组分一般采用双工序施工方式，而双组分一般采用单工序施工方式。涂料供应商 PPG 公司的 Nexa Autocolor 调色系统就采用这种设计方式。

(二)素色漆的定义

根据色母中颜料组成不同,色母一般可以分为三类:素色色母、银粉色母和珍珠色母。只含有着色颜料,而不含金属颜料如铝粉和钛膜云母颜料的色母叫素色色母。只由素色色母调配而成的涂料叫素色漆,这里素色说的是单纯的一个颜色,所以素色漆也叫纯色漆、实色漆、本色漆或普通漆。含有金属颜料铝粉的色母叫银粉色母。含有钛膜云母颜料的色母叫珍珠色母。由银粉色母调配而成,或素色色母与银粉色母共同调配而成的涂料叫银粉漆;由珍珠色母调配而成的叫珍珠漆;由素色色母、银粉色母和珍珠色母共同调配而成的叫珍珠银。银粉漆、珍珠漆和珍珠银统称为金属漆。

目前国内市场上主要的修补涂料有许多品牌,4S店或汽车修理厂一旦选择了某一品牌的汽车修补涂料,不宜频繁更换;改换品牌会损失多年积累的调色经验和资料,浪费剩余的色母。

(三)素色漆的特点

素色漆的调配与金属漆不同,喷涂的因素对素色漆颜色变化的影响比较小。素色漆在喷涂后不会出现背光色调的效果,往往迎光观察颜色调得准确,背光也不会有什么差别。此外,施工条件、施工环境对素色漆颜色的影响也非常小。这些因素都使得素色漆较容易调配。所以调配好素色漆是调色的基本功。

素色漆一般都使用单工序喷涂的工艺,即在中涂漆上面只喷一层素色漆,而不需要再罩清漆,这样既方便快捷,又省时省工。因此,素色漆色母要求有高遮盖力、高饱和度,施工后有高的光泽。但由于调色的需要,一套完整的色母系统中还要求有低遮盖力的色母。

任务总结

(1)配色是将两种或两种以上的涂料混在一起以产生目标颜色的工序。

(2)素色漆:只由素色色母调配而成的涂料叫素色漆。这里素色说的是单纯的一个颜色,所以素色漆也叫纯色漆、实色漆、本色漆或普通漆。

任务二 素色漆调色分析

任务目标

(1)能分析影响素色漆调色效果的因素;
(2)具备良好的沟通能力和表达能力。

(一)素色漆调色基本规律

在项目二任务三的学习中我们知道颜色有三个属性,调色就是我们用色母调配出的颜色在明度、色相、彩度三方面与待修补车的颜色一致。

1. 素色漆的明度调整

调配素色漆时,如果颜色太暗要调亮一点可加白色色母或减少黑色色母,而颜色太亮要调暗一点可减少白色色母或增加黑色色母。黑、白色色母可以调整素色漆的明度,但它们的加入只会使油漆的彩度降低,而不会升高。

2. 素色漆的色相调整

一般情况下,当主色确定后,先调明度,再调色相。调色相时,要熟悉颜色的变化规律。添加色母时,以靠近主色的近似色为第一选择,应尽量避免使用与主色互补的色母,否则会大大降低颜色的彩度,使颜色变得混浊。

3. 素色漆的彩度调整

我们的眼睛感觉愈是鲜艳的颜色愈纯,反之越不鲜艳就越浊。当颜色太清澈(彩度太高)要变浊一点时,可加黑色色母或加白色色母或同时加黑、白色色母。而颜色太浊时,要变清澈一点,可减少黑或白色色母。

(二)调配素色漆注意事项

(1)色母的"沉降效果"。白色母和某些黄色母是最重的一类色母,原因是其颜料的密度大,常产生湿漆与喷涂色板之间的明显颜色差。如果湿漆中含有一定量的白色漆或某些黄色漆时,在用调漆尺搅拌湿漆并用目视比较标准板时,要求湿漆调配得比标准板的颜色浅、淡。这是因为在搅拌湿漆时,重的色母来不及沉降,油漆的颜色就较浅;而喷涂后的流平时间内则发生了沉降,轻的色母在表面聚集较多,颜色就要更纯,外观表现得"暗"一点。刚喷涂完的漆面和干固后的漆面的不同,这也是一个最主要的原因。烤干后的漆面都会显得偏暗一点。

素色漆调色规律

(2)尽量选用纯度高的色母。人们在选择素色汽车时喜欢明快、鲜艳的色彩,以红色、蓝色、黄色为主。这些颜色调配时要根据需要少用黑色色母,偶尔会用相当数量的白色色母调节亮度和鲜艳(纯)度,但要认识到这会造成一定程度的颜色浑浊。

(3)尽量不选用低浓度的色母作为主色,即使不得不选用时,也要尽量搭配使用高遮盖力的色母。这种情况以鲜艳的红色最为常见。

(4)白色在使用了一段时间后会变得微黄。

(5)调配白色时尽量选用低浓度的色母,就是透明的色母。浓度高的色母其浓度一般是低浓度色母的6~10倍,即使1L涂料中只用1滴色母,在白色中也能明显地反映出来,因为人眼对白色的分辨能力比别的颜色强。所以选用低浓度色母的好处是微调时容易控制变化范围。

(6)黑色的表面光泽对判断其色差起着决定性的作用。新喷涂的黑色由于表面光泽太高而容易给人造成新修理漆面过黑的误解,可以先打蜡抛光再进行比较。甚至在喷涂前加入少量的白色母使原黑色配方稍微浑浊一点。

(7)当调配因长时间暴露而褪色的颜色时,可以添加少量的白色或黄色色母。

(三)条件等色

两物体在日光下的颜色显得是一样的,但是在室内灯光照明之下却显得有差别。这种两种颜色在一种光源之下显示相同,但在另一种光源之下显出不同的现象,称为条件等色现象。对于有条件等色现象的物体,两物体颜色的光谱反射特性是不一样的,但是在某一种光源照射之下产生的三刺激值是一样的,而在另一种光源照射之下则显现差异。这一现象常常是由于使用不同的颜料或材料有各自吸收和反射特定的波长及能量。调色的实质则是在当时的光源条件下把不同的颜料筛选组合,从而模拟出该光源下所要求得到的反射光的波长及能量。除非是使用了完全相同的颜料,否则要使两种不同的颜料涂在不同的光源下颜色相同几乎是不可能的事。由于人眼可以在可见光的范围内做到全波长和全角度的检测,而当光源随着周围环境的改变而改变时,如果所调配的颜色存在条件等色,人眼就能分辨出来。

条件等色现象

条件等色在颜色调配中是相当常见的现象,所造成的色差一般较小。如果出现了严重的条件等色现象,基本上都与色母选用不当有关。这时候仅在原配方基础上增减色母数量已经不能很好地解决问题了,一定要改变所用的色母。

任务 总结

(1)由于素色漆正侧面颜色一致,因此我们在调色时,只需要观察正面,通过添加黑、白色母可以调整明度,添加实色色母可以调整色相和彩度。

(2)调色时仅使用配方中的色母,同时在两种或者两种以上光源(含太阳光)下观察可以避免条件等色现象。

实训　素色漆调色施工

【任务说明】

李先生驾驶车型为丰田花冠,在一次交通事故中,前翼子板碰撞损坏,经保险公司理赔员定损后,开到涂装车间进行修补涂装。请调色人员调配与原翼子板相同颜色的素色面漆。(与全车或车身其它部位颜色相同的调配方法与这次实训中的调配方法相同。)

【任务目标】

(1)能根据规范流程正确完成素色漆的调色;

(2)能正确地比色,分析素色漆的色差,能进行微调;

(3)具备良好的沟通能力和表达能力;

(4)具有与他人密切合作和规范安全地完成学习活动的能力;

(5)培养严谨细致、一丝不苟、精益求精的工匠精神;

(6)培养不怕吃苦、不怕累、热爱劳动的精神。

【任务分析】

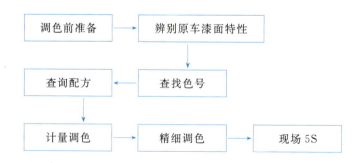

物料准备

物料准备要求见表8-1。

表8-1 物料准备要求

序号	名称	规格及技术要求	数量	类别
1	喷烤漆房	风速0.2~0.6 m/s,可满足4人同时喷涂	1	设备
2	色母搅拌架	色母架(含整套色母)	1	设备
3	烤箱	三层,烘烤试色板	1	设备
4	配色灯箱	具备多种光源(含D65)	1	设备
5	电子秤	立式,高精度,精确到0.1 g	4	设备
6	面漆喷枪	大流量低压力喷枪(HVLP)1.3口径	4	工具
7	色卡、色母挂图	涂料产品配套产品	1套	工具
8	量杯、比例尺	涂料量杯、涂料产品配套比例尺	足量	工具
9	擦拭布	喷漆专用擦拭布	足量	耗材
10	粘尘布	喷漆专用粘尘布	足量	耗材
11	快干清漆及固化剂	快速干燥的清漆产品	1套	耗材
12	试色板	15 cm×10 cm规格钢板	足量	耗材
13	配套油漆及其它辅料	配套油漆、稀释剂、洗枪香蕉水、干磨砂纸、过滤漏斗等	足量	耗材
14	工作服	防静电(含帽子)	足量	防护
15	安全鞋	鞋子前部有防刺穿钢板,符合劳保要求	足量	防护
16	耳塞	用于防止噪声侵害	足量	防护
17	护目镜	保护眼睛	足量	防护
18	防毒面具	半面式,带活性炭过滤装置	足量	防护
19	防溶剂手套	丁腈手套	足量	防护
20	厚防溶剂手套	厚橡胶手套(加长)	2	防护

实训实施

(一)作业前正确穿戴防护用品

正确穿戴防护用品(图8-1)。

(1)工作服(含帽子);

(2)安全鞋;

(3)耳塞;

(4)护目镜;

(5)防毒面具;

(6)防溶剂手套。

图8-1 穿戴防护

(二)准备相关设备、工具、耗材

1. 设备准备

(1)喷烤漆房、色母架运行准备;

(2)烤箱、配色灯箱运行准备;

(3)电子秤通电、校准、归零准备。

设备准备

2. 工具、耗材准备

(1)面漆、清漆喷枪准备;

(2)色母挂图、色卡、比例尺、量杯准备;

(3)涂料及相关辅料准备;

(4)试色板、过滤漏斗准备。

工具、耗材准备

【1+X证书】
能按照职业健康管理的要求,正确佩戴安全防护用品。

(三)素色漆调色施工

1. 素色漆调色施工流程(图8-2)

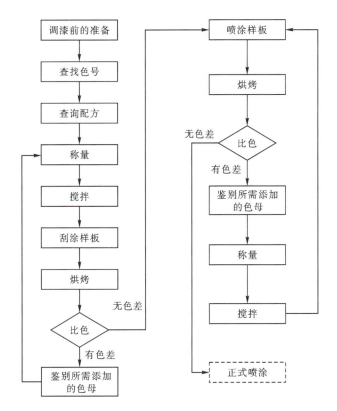

素色漆调色施工流程

图8-2 素色漆调色施工流程

2. 鉴别素色漆

将待修补部位置于室内或较暗的地方与放置于户外阳光下,漆面均没有通透性和闪烁性,色漆颜色变化比较小,该漆面即为素色漆。

3. 获得颜色代码

和前面调色任务一样,我们有三种方法可以获得颜色代码。

(1)在车身发动机舱、B柱等位置查找颜色代码;

(2)使用涂料公司提供的色卡比对车身颜色,确定颜色代码;

(3)使用测色仪测量车身表面获取车身颜色代码。

获取颜色代码

4. 查询配方

将查找到的颜色代码输入油漆供应商提供的配方查询软件,获取相应的素色漆颜色配方。

查询配方

5. 称量色母

对照打印出的色漆配方,将量杯置于电子秤上,清零。称量时量大的色母先倾倒,每次结束,电子秤清零,再继续称量下一个色母。

称量色母

6. 搅拌色母

完成色母称量后,将量杯从电子秤上取下,搅拌混合,如图8-3所示,直到颜色搅拌均匀。

图8-3 搅拌色母

7. 刮涂试板

用搅杆把混合均匀的涂料平整地刮涂在试验样板上,刮涂面积至少应为30 mm×30 mm。

刮涂试板

8. 烘烤试板

让刮涂好的试验样板静置5～10 min(如果不静置,刮好样板后就立即放入烤箱烘烤,涂料表面上会产生针孔,影响后面比色效果),待涂料中的溶剂蒸发后放入烤箱烘烤(图8-4)。涂层在干燥过程中,较重的颜料下沉,较轻的颜料上浮,所以某些颜色在刚刚施涂完时,其颜色是相同的;但是当干燥后,颜色就不同了。

【1+X证书】

(1)能根据车辆的信息标签识别车漆颜色代码。

(2)能正确使用色卡,根据计算机调色系统查找最接近的颜色配方。

(3)能正确使用电子秤。

【动动脑】

电子秤称量色母可以每次清零称量,也可以累积称量,思考哪一种方法误差比较小。

图 8-4 烘烤样板

9. 比色分析

(1) 把烘干的样板拿出烤箱,与待修补的目标板在阳光下从色相、明度、彩度三方面进行对比;没有阳光时,在四周涂成白色或灰色墙壁的调色房间内的专用配色灯下进行比色。

颜色比对

(2) 比色时,目标板与试验样板彼此放得尽可能近,它们之间不要留有间隙,如图 8-5 所示。

图 8-5 颜色比对

(3) 观察的角度一般有两个,一个是迎着光线较强的反射光线的直接观察,也叫迎光观察,另一个是光线较弱的反射光线区域以外的间接观察,也叫背光观察,如图 8-6 所示。必须确保从两个角度观察目标板与试验样板,它们的色相、明度、彩度均一致,才能说它们的颜色匹配。

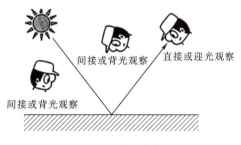

图 8-6 迎光和背光观察

(4) 观察的距离:较小的物体一般保持 1 m 左右的距离,较大物体一般保持 3~5 m 的距离。

10. 鉴别所需添加的色母

如果比色结果与目标颜色不一致,那么必须鉴别需要添加哪种色母可以使标准色向目标色靠近,继而向按配方调配的混合物添加所缺色母,进行精细配色使样板色与目标色相匹配,此过程称为微调。

如果有色差,可以用下面的方法来确定所缺颜色:

(1)放好与配方中色母的数目相同的空杯子,然后向这些杯子中倒入少量(5~10 mL)按配方调配的混合物。

(2)分别向几个杯子中滴加少量配方中的一种色母,搅拌均匀。

(3)用搅杆将这些杯子中的混合物刮涂到不同的试验样板上,然后把样板放到烤箱里烘烤,最后分别与目标板对比,看哪一块板的颜色与目标板颜色最接近,则原混合物就缺哪种颜色。

(4)确定添加色母及添加量后,喷涂最终试色板,然后彻底干燥。

鉴别所需增减的色母

11. 保留最终色板

(1)把当前的试色板和以前的试色板进行比较,如果颜色一致或通过过渡可以解决,把试色板放入样板箱内收集保留。

(2)在最终试色板前端写上颜色编号,在试色板的后面加入所有的颜色信息:注明初始配方和调整后配方,每百克添加的色母量(包括配方制作日期)。

保留最终色板

【动动脑】

湿涂膜和干涂膜相比哪个颜色浅一些?

【岗位小贴士】

(1)比色时要注意光线、光的强度和背景色对比色的影响。不应该在暗光下比较颜色,也不应在直射的阳光下进行比较,其它有色物体如墙壁的颜色光线有时会反射到要比较的目标板和试验样板上,影响比色效果。

(2)由于混合物颜色的变化与色母在混合物中所占的质量分数的变化有关,即色母在混合物中所占质量分数变化越大,则对应的该色母颜色变化就越大。因此,添加占比较小的色母时,应特别注意不能加得太多,只能逐滴滴加。

(3)称重必须准确,严谨细致,一丝不苟,应严格遵循涂料制造商要求的稀释剂添加比例,确保喷涂效果。

（四）现场整理

(1) 电子秤、配色灯箱、烤箱等设备整理归位；
(2) 喷枪、量杯、比例尺等工具清洗后归位；
(3) 漆料盖好盖子放回防爆柜，废弃物分类丢弃，如图 8-7 所示。
(4) 完成现场 5S。

现场 5S

图 8-7　废弃物分类丢弃

实训总结

(1) 查找颜色代码有车身查找、色卡比对、测色仪测量三种方式。
(2) 根据颜色代码查询面漆配方。
(3) 按照配方调配好素色漆后，一定要将油漆彻底搅拌均匀后再使用刮涂或者使用喷枪喷涂。
(4) 色板彻底干燥后，在自然光下观察颜色。由于素色漆颜色正侧面颜色一致，我们只需看正面颜色差异即可。
(5) 素色漆微调时，先调明度，再调色相、彩度，最终使颜色一致。

【1+X 证书】
(1) 能在规定的工时内完成色板喷涂任务。
(2) 能对调色过程中遗洒的漆料等废弃物进行正确处理，防止污染作业环境。

【岗位小贴士】
这些试色板可以组成你自己的色谱卡，建立颜色资料库并进行归档，为将来的工作节省宝贵的时间。

【劳动佳句】
劳动是人类存在的基础和手段，是一个人在体格、智慧和道德上臻于完善的源泉。

——乌申斯基

【实训任务记录】

(一)作业前穿戴防护用品

(二)准备相关设备、工具、耗材

(三)素色漆调色施工

1. 步骤一:制订素色漆调色施工流程

2. 步骤二:鉴别素色漆

3. 步骤三:获得颜色代码(共2分,每项1分)

(1)你采用了以下哪种方法查找维修车辆的颜色代码?

□车身查找   □色卡比对   □测色仪测量

(2)待维修的车辆的颜色代码是_____。

4. 步骤四:查询配方(共3分)

记录查询到的素色漆配方:

色母代号	色母名称	质量	备注
	合计		

5. 步骤五:称量色母(共3分,每空1分)

(1)查阅涂料产品手册,素色漆和稀释剂的配比是_____。

(2)素色漆称量总质量是_____g,添加稀释剂的质量是_____g。

6. 步骤六:搅拌色母

7. 步骤七:刮涂试板(共1分)

刮涂面积=长×宽=_____。

8. 步骤八:烘烤试板(共1分)

烤箱烘烤色板设置的温度是_____℃。

9. 步骤九:比色分析(共 1 分)

请你勾选刮涂试色板和目标色比对结果:

□颜色一致　□轻微色差　□色差非常大

10. 步骤十:鉴别所需添加的色母(共 3 分,每空 0.5 分)

(1)每个杯子倒入 _____ g 混合物。

(2)分别添加不同的色母。

①杯子 1 添加色母一_____ g;

②杯子 2 添加色母二_____ g;

③杯子 3 添加色母三_____ g;

④杯子 4 添加色母四_____ g;

⑤杯子 5 添加色母五_____ g。

(3)搅拌、再次刮涂试色板。

(4)烘烤、比色,找到和目标色最接近的试色板,即为所缺的颜色。

(5)喷涂最终色板。

①你最终确定添加的色母是_____,添加的质量是_____(共 2 分,每空 1 分);

②请你勾选最终喷涂色板颜色与车身颜色对比结果(共 3 分):

□完全一致　□轻微色差　□较大色差　□严重色差

11. 步骤十一:保留最终色板(共 1 分)

你保留的最终色板记录信息有:

□配方明细　□制作日期　□颜色编号　□车辆信息

(四)现场整理

质量监控表

项目	分值	评分细则	扣分细则	得分
调色防护	6 分	全程穿戴防护眼镜、耳塞、工作帽、安全鞋和防静电工作服,戴乳胶(薄)手套及佩戴活性炭过滤式面罩;短时间摘除眼镜比对颜色,或擦干净眼镜不扣分	如整个操作过程中有一项防护用品佩戴错误或未佩戴,则扣 6 分	
调色分析	4 分	颜色工具识读:色母主色,颜色偏向	错误 1 项扣 2 分	
	5 分	色板各属性差异判断:正面颜色差异	错误 1 项扣 5 分	
	5 分	色板各属性差异判断:侧面颜色差异	错误 1 项扣 5 分	
	20 分	颜色方案理论:判断需添加的色母	错误 1 项扣 20 分	
调色结果	60 分	色板喷涂未完全盖住底色、色漆发花、漏喷等缺陷	每种缺陷扣 15 分	
		色板正面有大量"痱子"、手印;提交色板未完全干燥不扣分,需注意将提交的色板分别放置,防止粘连	每种缺陷扣 10 分	
合计	100 分			

个人自评表

班级		组名		姓名		日期	年　　月　　日
评价指标	评价内容					分值	分数
信息检索	能有效利用网络、图书资源、工作手册查找有用的相关信息等;能用自己的语言有条理地解释、表述所学知识;能将查到的信息有效地运用到工作中					10分	
感知工作	熟悉工作岗位,认同工作价值;在工作中能获得满足感					10分	
参与态度	积极主动参与工作,吃苦耐劳,崇尚劳动光荣、技能宝贵;与教师、同学之间相互尊重、理解;与教师、同学之间能够保持多向、丰富、适宜的信息交流					10分	
	探究式学习、自主学习不流于形式,能处理好合作学习和独立思考的关系,做到有效学习;能提出有意义的问题或能发表个人见解;能按要求正确操作;能够倾听别人意见、协作共享					10分	
学习方法	学习方法合理,有工作计划;操作技能符合规范要求;能按要求正确操作;获得了进一步学习的能力					10分	
工作过程	遵守管理规程,操作过程符合现场管理要求;善于多角度分析问题,能主动发现、提出有价值的问题					15分	
学习态度	能发现问题、提出问题、分析问题、解决问题、创新问题					10分	
自评反馈	按时保质完成工作任务;较好地掌握了专业知识点;具有较强的信息理解能力和分析能力;具有较为全面严谨的思维能力并能条理清楚地表达成文					25分	
自评分数						100分	
有益的经验和做法							
总结反馈建议							

小组互评表

班级		被评小组		日期	年　　月　　日	
评价指标	评价内容			分值	分数	
信息检索	该组能有效利用网络、图书资源、工作手册查找有用的相关信息等			5分		
	该组能用自己的语言有条理地解释、表述所学知识			5分		
	该组能将查到的信息有效地运用到工作中			5分		
感知工作	该组熟悉工作岗位,认同工作价值			5分		
	该组成员在工作中能获得满足感			5分		
参与态度	该组与教师、同学之间相互尊重、理解、平等			5分		
	该组与教师、同学之间能够保持多向、丰富、适宜的信息交流			5分		
	该组能处理好合作学习和独立思考的关系,做到有效学习			5分		
	该组能提出有意义的问题或能发表独到见解;能按要求正确操作;能够倾听他人意见、协作共享			5分		
	该组能积极参与,在实操过程中不断学习,综合运用信息技术的能力得到提高			5分		
学习方法	该组的工作计划、操作技能符合现场管理要求			5分		
	该组获得了进一步发展的能力			5分		
工作过程	该组遵守管理规程,操作过程符合现场管理要求			5分		
	该组成员能完成任务,善于多角度分析问题,能主动发现、提出有价值的问题			20分		
学习态度	该组能发现问题、提出问题、分析问题、解决问题、创新问题			5分		
自评反馈	该组能严肃认真地对待自评,并能独立完成自测试题			10分		
	互评分数			100分		
简要评述						

教师评价表

班级		组名		姓名			
评价内容	评价要点	考查要点		分值	评分标准		分数
任务描述、接受任务	口述内容细节	(1)表述时仪态自然、吐字清晰		2分	表述时仪态不自然或吐字不清扣1分		
		(2)表达思路清晰、层次分明、准确			表达思路模糊或层次不清扣1分		
任务分析、分组情况	依据流程分组分工	(1)分析流程关键点准确		3分	表达思路模糊或层次不清扣1分		
		(2)涉及的理论知识回顾完整,分组分工明确			知识不完整扣1分,分工不明确扣1分		
制订计划	制订实施流程	准确制订操作流程		10分	错误一步扣1分,扣完为止		
计划实施	实验前准备	(1)安全防护用品准备		5分	每漏一项扣1分		
		(2)设备工具准备			每漏一项扣1分		
	光的色散实验	任务实施记录		60分	见实训任务书		
	现场恢复	(1)回收工具耗材		3分	每漏一项扣1分,扣完为止		
		(2)场地5S工作		2分	每违反一项扣1分,扣完为止		
总结	任务总结	(1)依据自评分数		2分	—		
		(2)依据互评分数		3分	—		
		(3)依据个人总结评分报告		10	依据总结内容是否到位酌情给分		
合 计				100分			

习题巩固

1. 汽车修补涂装的四大步骤:(　　)、施涂原子灰、施涂中涂底漆、施涂面漆。

   A. 打磨处理　　　　B. 底材处理　　　　C. 清洁底材　　　　D. 施涂底漆

2. 单工序素色漆由(　　)层漆组成。

   A. 2　　　　　　　B. 3　　　　　　　C. 4　　　　　　　D. 5

3. 烤干后素色漆的颜色比湿的素色漆颜色(　　)。

   A. 偏亮　　　　　　B. 偏暗　　　　　　C. 一样　　　　　　D. 无法判断

4. 放置调色架的房间,温度最好保持在(　　)左右。

   A. 10 ℃　　　　　B. 20 ℃　　　　　C. 125 ℃　　　　　D. 30 ℃

5. 影响调色电子秤精度的因素不包含下列哪种?(　　)

   A. 震动　　　　　　　　　　　　　　B. 风速

   C. 在电子秤上搅拌色母　　　　　　　D. 倾倒油漆流量大小

项目九 银粉漆调色作业

近年来,汽车色彩层出不穷,人们越来越青睐色泽亮丽、质感出众的色彩。因银粉漆带金属闪光且具有更多正侧面效果变化,越来越多消费者在购车时选择银粉漆,这就要求从业者能熟练地完成银粉漆的调色作业,满足客户的需求。

本项目主要学习:认识银粉漆、银粉漆调色分析、银粉漆调色施工。

1.知识目标
(1)能叙述银粉漆的呈色原理;
(2)能复述银粉漆调色的基本流程。

2.能力目标
(1)能分析影响银粉漆调色效果的因素;
(2)能根据规范流程正确完成银粉漆的调色;
(3)能分析银粉漆的色差,能进行微调。

3.素质目标
(1)具备良好的沟通能力和表达能力;
(2)具有与他人密切合作和规范安全地完成学习活动的能力;
(3)培养严谨细致、一丝不苟、精益求精的工匠精神;
(4)培养不怕吃苦、不怕累、热爱劳动的精神。

任务一 认识银粉漆

任务目标

(1) 能叙述银粉漆的呈色原理；
(2) 具备良好的沟通能力和表达能力。

任务分析

银粉漆由来 → 金属漆的特点 → 金属漆所用的颜料 → 银粉漆呈色原理

知识引入

(一) 银粉漆由来

最早曾有人把研碎的鱼鳞和铜粉加入油漆，使光线能够靠这些碎片反射出来以达到闪烁的效果，但效果不太理想。20世纪70年代，科研人员发现把细薄的铝片加入油漆后，闪烁效果非常好，并可以造成迎光与背光观察颜色深浅不同。后来这种发明被越来越多地运用到汽车涂装上。像"金属闪光色""云母色"和"石墨色"这样的双涂层涂料，由于漆膜中含有金属颜料或能产生像金属一样的闪光，我们把它们统称为金属漆。金属漆包含银粉漆和珍珠漆，它改变了传统颜色单调的缺点，通过其中铝片反射的光线，使不同的角度都产生闪闪发光的效果。银粉片就像许多小镜子，尺寸为 $7 \sim 33\ \mu m$，银粉片在银粉漆里会使明度产生各向异性。

银粉漆由来

(二) 金属漆的特点

(1) 在阳光下产生独特的闪光；
(2) 直接观察或间接观察时，明度会发生很大变化；
(3) 透明度和深度极好。

金属漆产生了不同于素色漆的设计效果，和素色漆相比大体有如下几方面的不同，如表9-1、表9-2所示。

金属漆的特点

表9-1 金属漆与素色漆比较

项目	金属漆	素色漆
基本涂层组成	涂4次,烘3次	涂3次,烘3次
使用的颜料	着色颜料+明亮颜料	着色颜料
涂装方法	使用清漆层	不使用清漆层

注:"涂4层,烘3次"指的是涂装工艺喷涂4层,烘烤3次。

表9-2 金属漆及素色漆的涂膜组成

名称	金属漆	素色漆
涂膜组成	清漆 底色漆 中涂底漆 底漆(电泳) 底材	面漆 中涂底漆 底漆(电泳) 底材

与涂装素色漆的喷涂3层、烘3次的方法相比,金属漆采用喷涂4层、烘3次的方法。素色漆和金属漆从底漆到中涂底漆的干燥阶段,涂层组成是相同的;但是素色漆只需一层面漆,而金属漆面漆包含两层(底色漆和清漆)。正是涂布在底色漆上的透明清漆层使金属漆产生深度感和立体效果。

(三)金属漆所用的颜料

就涂料中的成分而言,金属漆和素色漆几乎由相同的树脂和溶剂组成,只是颜料的种类不相同。素色漆有的着色颜料金属漆中也有。此外,金属漆中包含金属颜料或能产生金属效果的颜料,如铝或云母颜料。

1. 着色颜料

着色颜料是一些不溶于水、油或溶剂的微小颗粒,一旦它们与树脂相混合,就能黏附到其他物体上或以微小颗粒扩散到物体中。从制造这些颜料的材料来源划分,颜料可以分为两大类,一类是天然颜料,另一类是合成颜料。从颜料的化学成分划分,颜料又可以分为无机颜料和有机颜料。

金属漆着色颜料

(1)无机颜料。无机颜料主要由锌、钛、铝、铁或铜的金属化合物组成。这些颜料耐候性、耐蚀性和遮盖效果好,但就颜色的生动性而言不如有机颜料。

(2)有机颜料。在遮盖效果方面,有机颜料不如无机颜料好。由于有机颜料纯度高、色泽鲜艳、颗粒小,具有透明感,因此,在汽车上主要用于形成金属色和生动的素色。无机颜料和有机颜料的对比如表9-3所示。

表 9-3 无机颜料和有机颜料的对比

颜料分类	色相	耐候性	热阻性	抗溶剂性	遮盖效果	密度
无机颜料	稍缺少生动性	高	高	高	高	高
有机颜料	生动	低	低	低	低	低

在涂料中经常使用的彩色颜料如表 9-4 所示。

表 9-4 涂料中经常使用的彩色颜料

颜色类型	颜料名称
白	钛白,锌白,白铅
红	铁红(氧化铁)
黄	赭石黄
绿	酞花青,氧化铬
蓝	酞菁蓝
黑	炭黑,黑铜

2. 铝颜料

铝颜料在阳光下产生金属特有的闪光。根据表面结构,铝颜料大体分三类,每一类又按照颗粒大小进一步分为更小的类型(表 9-5)。总的类型数随生产厂不同而有所不同,但大约有 20~30 种基色。

铝颜料

表 9-5 铝颜料类型

类型	标准型	白色型	强闪光型
设计形状	Z 字形	球形	平板形
1000×显微图像			
特性	比其它两种类型稍暗	从任意角度观察时发出浅的闪光	直接观察时发出闪耀的光,迎光或间接观察时亮度有很大差别

3. 石墨颜料

石墨颜料除与普通黑颜料有同样的黑色外,石墨颜料的特性如表 9-6 所示。如果将一定量的两种颜料相比较(图 9-1),由于石墨颗粒直径大并且颜料之间间隙大,会降低颜料遮盖底层的效果(遮盖力)。因此,如果石墨颜料中混入含有铝或钛膜云母颜色的涂料,所产生的闪光会比普通的黑色颜料更耀眼。

石墨颜料

表 9-6 石墨颜料与普通黑颜料的比较

颜料类别	石墨颜料	普通黑颜料
材料	碳晶体	碳化物
形状		
尺寸	平均颗粒直径大约为 5 μm(不均匀粉状结构)	最大 1 μm
颜色	暗灰色光泽(直接观察为丝状光泽),间接观察时色度减弱	黑
遮盖效果	差	好

(a)石墨颜料　　　　(b)普通黑颜料

图 9-1 石墨颜料与普通黑颜料

4. 乳白色颜料

乳白色颜料(氧化钛颗粒颜料)是半透明的,其氧化钛的大小为普通白色漆中氧化钛大小的 1/10。乳白色颜料有两种颜色光特性,与钛膜云母颜料类似,直接观察时表现黄色,间接观察时表现蓝色。乳白色颜料与普通白颜料的比较结果见表 9-7。

乳白色颜料

表 9-7 乳白色颜料与普通白颜料的比较

名称	乳白色颜料	普通白颜料
材料	氧化钛颗粒	二氧化钛

续表

名称	乳白色颜料	普通白颜料
色调	半透明 直接观察：黄 间接观察：蓝	乳白和白色
遮盖效果	差	好

5. 云母氧化铁颜料

云母氧化铁（MIO）颜料具有层状结构，如图 9-2 所示。云母氧化铁颜料具有如下普通颜料没有的特性。

(1) 有相当的厚度（大约比铝颜料厚 10 倍），能从背光处反射光；

(2) 表面极光滑，反射力强；

(3) 见光时，颜料发出像钻石似的三维闪光；

(4) 颜料比重大。

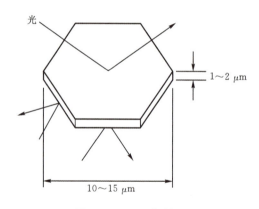

图 9-2 MIO 颜料

6. 氧化铁粉颜料的特性

氧化铁粉（PIO）颜料是六角晶体结构，如图 9-3 所示。由于云母氧化铁颜料不允许大部分光分量透过，因此颜料是黑色的。氧化铁粉颜料要比云母氧化铁颜料稀，允许光线穿过，产生红珠光色闪光。氧化铁粉颜料具有珠光色云母涂料不能达到的深度，因为氧化铁粉颜料的厚度大约为普通云母颜料的三倍。

氧化铁粉（PIO）颜料的特性

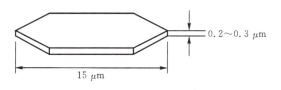

图 9-3 PIO 颜料

7. 酞花青粉末颜料

酞花青粉末颜料是将普通的蓝颜料(酞花青颜料)结晶成粉末而形成的。这种颜料是半透明的,有表面反射的光为古铜色(有金属闪光的红黄色),而透过的光为蓝色,如图 9-4 所示。

酞花青粉末颜料

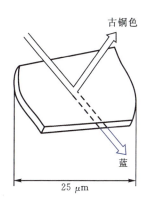

图 9-4 酞花青粉末颜料

8. 二硫化钼颜料

二硫化钼具有与石墨(六角晶体层结构)一样的晶体结构。二硫化钼颜料是粉粒颜料,基本特点类似于石墨颜料,如表 9-8 所示。

二硫化钼颜料

表 9-8 二硫化钼颜料和石墨的比较

项目	二硫化钼颜料	石墨
材料	二硫化钼	碳
形状	粉末	
颗粒直径	4~5 μm	
特性	直接观察时丝状光泽;间接观察时色度减弱;与石墨相比,更蓝,更亮和更具有光泽	直接观察时丝状光泽,间接观察时色度减弱

(四)银粉漆呈色原理

当光线照射到银粉漆上时,铝粉颜料便会如同镜子般将光线反射出去,因此观察角度的变化会影响银粉漆的明度。因此银粉漆产生的特效是靠铝粉颜料与低遮盖力的颜料的配合而达成的,高遮盖力的颜料会阻碍铝粉的反射光线,搭配透明颜料才能体现出彩色的变幻效果,如图9-5所示。

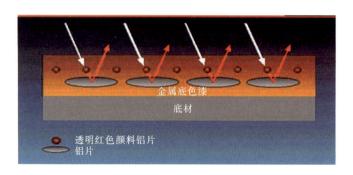

银粉漆呈色原理

图 9-5 银粉漆的呈色原理

当观察角度不同时,银粉漆呈现的颜色也不一样,如图9-6所示:当在A角度观察时,可以看到金属光泽,因为铝粉表面反射光线;当在B角度观察时,颗粒尺寸小,没有反射,颜色变暗,这就是背光时的颜色。在银粉漆中,对每个颜色配方来说,银粉色母决定了该颜色的明度和彩度,而纯色色母则决定和控制该颜色的色相。在银粉漆配方中的主要颜料越透明越能保持铝粉片在涂料中如镜子般反射的作用。清漆会稍微改变色漆层的颜色。与没罩清漆相比,罩清漆后车身明度会降低变深。

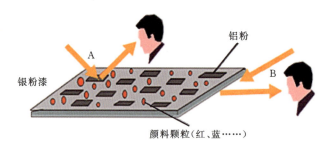

图 9-6 迎光观察、背光观察银粉漆的效果

任务总结

(1)银粉漆涂料里加入了铝片。因为铝片为长方形结构,其正、侧面反射光线不一致,因此在油漆中正面观察和侧面观察会呈现不同的颜色效果。

(2)因为银粉漆添加的颜料不同,且各种颜料的特性不同,从而油漆呈现不同的颜色。

任务二　银粉漆调色分析

任务目标

（1）能分析影响银粉漆调色效果的因素；
（2）具备良好的沟通能力和表达能力。

任务分析

底材影响 → 喷涂层数影响 → 底色不同影响

知识引入

在实施银粉漆调色任务中，影响银粉漆颜色主要有底材、喷涂层数、底色不同等因素。

汽车修补施工的特点决定了其必须使用手工喷涂，由于人工操作的随意性，所以油漆的颜色会出现色差。此外，施工环境也能明显造成喷涂后的色差。一般经验而言，深颜色的金属漆受到的影响少，浅颜色的金属漆受到的影响大，素色漆基本上不会受到影响。

（一）个人喷涂习惯的影响

手工喷涂的效果为个人习惯所制约，如走枪速度、枪距远近、喷涂遍数、涂料流量、闪干时间、清漆厚度等都对最后的颜色产生影响，如图9-7所示。对于大多数色漆而言，这些因素会造成颜色的深浅不一。

图9-7　喷涂习惯对银粉漆颜色的影响

浅	颜色偏向	深
快 ←———	走枪速度	———→ 慢
远 ←———	枪距远近	———→ 近
多 ←———	喷涂遍数	———→ 少
少 ←———	涂料流量	———→ 大
薄 ←———	清漆厚度	———→ 厚

（二）其余人为操作因素的影响

1. 喷枪调节及稀释剂对银粉漆颜色的影响

除了人为习惯造成的影响外，另外一些手工操作上的因素也对颜色造成影响，例如稀释剂配比、稀释剂类型、喷枪口径、气压调节、枪幅（扇面）调节、中途烘烤等如图9-8所示。这些因素往往是人为疏忽，只要在操作上注意按照技术手册上的说明，这些人为因素误差是可以避免的。

图9-8 人工操作对银粉漆颜色的影响

影响银粉漆颜色因素——人为因素

浅	颜色偏向	深
多 ←	稀释剂配比	→ 少
快干 ←	稀释剂类型	→ 慢干
大 ←	喷枪口径	→ 小
小 ←	气压调节	→ 大
大 ←	枪幅（扇面）调节	→ 小
无 ←	中途烘烤	→ 有

2. 施工环境因素的影响

施工环境是客观因素，也无法避免，例如环境温度、环境湿度、空气对流等。随着施工设备的规范化和专业化，这些因素逐渐可以人工控制，如在烤房内制作试板、调节烤房的温度和湿度、烤房的风压状况等如图9-9所示。

图9-9 施工环境因素对银粉漆颜色的影响

浅	颜色偏向	深
高 ←	环境温度	→ 低
小 ←	环境湿度	→ 大
增加 ←	空气对流	→ 大

综上所述，手工喷涂的修补涂料在颜色的重现性上面是相当弱的。可以说，即使是同一罐油漆、同一把喷枪、同一个人，只要在不同的时间喷涂，都有可能会产生不同的结果。这是不可避免的缺点。但从另一方面来讲，也可以转化为优点，那就是通过施工人员的灵活控制，利用喷涂方式的改变达到微调颜色的目的。

（三）银粉漆中铝粉的排列方式

各因素影响银粉漆明暗的根本原因是改变了银粉漆中铝粉的排列，最常见的排列有两种，如图9-10所示。

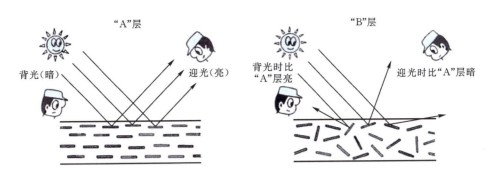

图 9-10 银粉漆中铝粉的排列方式

涂层"A"的铝粉排列均匀,直接观察时反射光线强,涂层"A"明亮;间接观察时,由于实际上无光线反射,显得暗。涂层"B"的铝粉排列不均匀,直接观察时反射光线少,涂层"B"显得暗;间接观察时,由于有些反射光线,涂层"B"比涂层"A"更加明亮。

影响银粉漆颜色的因素——铝粉沉降

(四)铝粉沉降影响

除了铝粉的排列方式会影响银粉漆的颜色,银粉漆中铝粉的沉降对颜色的影响也很大,如图 9-11。

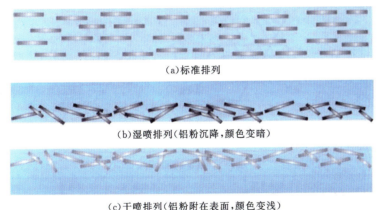

(a)标准排列

(b)湿喷排列(铝粉沉降,颜色变暗)

(c)干喷排列(铝粉附在表面,颜色变浅)

图 9-11 铝粉沉降对银粉漆颜色的影响

影响银粉漆颜色的因素——铝粉的排列

(五)银粉颗粒的大小

银粉漆颜色变幻的效果还与银粉颗粒尺寸大小有关。下面是常见的银粉颗粒尺寸及对颜色的影响:

(1)细银(10 μm):侧面亮度低。

(2)中银(20 μm、30 μm、40 μm):通常单独使用,或与其它银粉配合,从正面、侧面看对颜色影响不大。

（3）粗银（50 μm）：对侧面色调的影响较大。

任务总结

（1）在实施银粉漆调色时，我们首先应该观察银粉颗粒大小。

（2）如果银粉漆颜色差异不大，只是深浅不同，我们可以调整喷涂手法来使颜色一致。

（3）需要特别注意干喷和湿喷会使颜色不同，因此，尽量在调色时使用与车身喷涂一致的手法喷涂。

（4）影响银粉漆的颜色因素较多，我们在调色时要具体分析不同底材、不同底色以及喷涂次数多少等因素，才能调好银粉漆。

影响银粉漆颜色的因素——银粉颗粒的大小

实训　银粉漆调色施工

实训描述

【任务说明】

张先生，驾驶车型为大众捷达，在一次交通事故中前车门碰撞损坏，经保险公司理赔员定损后，开到涂装车间进行修补涂装。请调色人员调配与原车门相同颜色的银粉面漆，并安全、环保和规范地完成此项工作任务。

【任务目标】

（1）能复述银粉漆调色的基本流程；

（2）能根据规范流程正确完成银粉漆的调色；

（3）能分析银粉漆的色差，能进行微调；

（4）具备良好的沟通能力和表达能力；

（5）具有与他人密切合作和规范安全地完成学习活动的能力；

（6）培养严谨细致、一丝不苟、精益求精的工匠精神；

（7）培养不怕吃苦、不怕累、热爱劳动的精神。

【任务分析】

 准备

物料准备见表9-9。

表9-9 物料准备要求

序号	名称	规格及技术要求	数量	类别
1	喷烤漆房	风速0.2~0.6 m/s,可满足4人同时喷涂	1	设备
2	色母搅拌架	色母架(含整套色母)	1	设备
3	烤箱	三层,烘烤试色板	1	设备
4	比色灯箱	具备多种光源(含D 65)	1	设备
5	电子秤	立式,高精度,精确到0.1 g	4	设备
6	面漆喷枪	大流量低压加喷枪(HVLP)1.3口径	4	工具
7	清漆喷枪	HVLP 1.3口径	4	工具
8	色卡、色母挂图	涂料产品的配套物品	1套	工具
9	量杯、比例尺	油漆量杯、涂料产品配套比例尺	足量	工具
10	擦拭布	喷漆专用擦拭布	足量	耗材
11	粘尘布	喷漆专用粘尘布	足量	耗材
12	快干清漆及固化剂	快速干燥的清漆产品	1套	耗材
13	试色板	15 cm×10 cm规格铝板	足量	耗材
14	配套油漆及其它辅料	配套油漆、稀释剂、洗枪天拿水、干磨砂纸、过滤漏斗等	足量	耗材
15	工作服	防静电(含帽子)	足量	防护
16	安全鞋	鞋子前部有防刺穿钢板,符合劳保要求	足量	防护
17	耳塞	用于防止噪声侵害	足量	防护
18	护目镜	保护眼睛	足量	防护
19	防毒面具	半面式,带活性炭过滤装置	足量	防护
20	防溶剂手套	丁腈手套	足量	防护
21	厚防溶剂手套	厚橡胶手套(加长)	2	防护

实训实施

(一)作业前穿戴防护用品

正确穿戴防护用品(图 9-12)。

(1)工作服(含帽子);

(2)安全鞋;

(3)耳塞;

(4)护目镜;

(5)防毒面具;

(6)防溶剂手套。

图 9-12 穿戴防护

(二)准备相关设备、工具、耗材

1. 设备准备

(1)喷烤漆房、色母架运行准备;

(2)烤箱、比色灯箱运行准备;

(3)电子秤通电、校准、归零准备。

设备准备

2. 工具、耗材准备

(1)面漆、清漆喷枪准备;

(2)色母挂图、色卡、比例尺、量杯准备;

(3)油漆及相关辅料准备;

(4)试色板、过滤漏斗准备。

工具、耗材准备

【1+X 证书】
能按照职业健康管理的要求,正确佩戴安全防护用品。

(三)银粉漆调色施工

1. 制订银粉漆施工流程(图9-13)

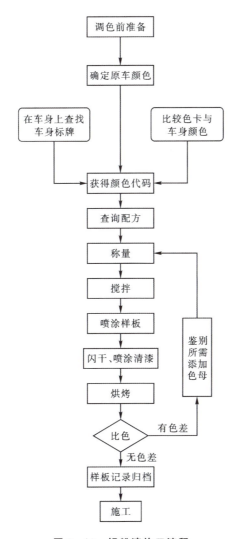

银粉漆调色流程

图9-13 银粉漆施工流程

2. 确定原车颜色

(1)查找车身颜色代码,大多数汽车的颜色信息(即原厂色号)附在车身某个或几个特定部位上(即色号牌上),不同的厂商油漆编码的位置不同。

(2)用便携式电脑测色仪测车身颜色。便携式电脑测色仪的探头直接在汽车待修补部位测得最为可靠的数据,该数据经配色系统处理后,就可以获得精确的配方。

确定原车颜色

(3)如果在车身上无法找到原厂色号,就要用细蜡进行清洁处理修补区域附近,然后可以利用油漆公司提供的色扇里的色卡,从色相、明度、彩度三个方面进行比对,帮助尽快找到接近的颜色,根据色卡查出对应的颜色代码,即可得到相对接近的配方。

3. 查询配方

在车身上查到原厂漆号或通过色卡对比找到色号后,用电脑查寻配方,如图9-14所示。因为电脑中存有所有色卡配方,用户只需将查找到的色号和所需分量输入电脑,就可直接查阅计算好的配方数据,快捷、方便、计算准确。

仔细阅读查询到的配方,记录颜色配方对应的灰度值。

图9-14 电脑查询到的配方

4. 称量、搅拌银粉漆

(1)对照打印出的银粉漆配方,将量杯置于电子秤上,去皮归零。称量时量大的色母先倾倒,每次结束,电子秤归零,再继续称量下一个色母。完成色母称量后,将量杯从电子秤上取下,搅拌混合,仔细观察,直到颜色均匀。

(2)根据涂料使用手册,添加适量的稀释剂,彻底搅拌均匀后,过滤至面漆喷枪枪壶内待用。

(3)取用对应灰度的试色板,使用P500干磨砂纸或灰色菜瓜布彻底打磨其表面至无光泽,清洁除油后待用。

银粉漆称量　　　　　银粉漆搅拌　　　　　试色板打磨准备

【1+X证书】

(1)能根据车辆的信息标签识别车漆颜色代码。

(2)能正确使用色卡、计算机配方系统查找银粉漆颜色配方。

(3)能选择已喷涂灰度底漆样板。

(4)能正确使用重量秤。

5. 喷涂、烘烤银粉漆色板

(1)将装有银粉漆的面漆喷枪放入喷烤漆房,试色板背面粘贴到喷涂架上,准备好粘尘布、文丘里吹风枪。

(2)使用粘尘布对试色板粘尘,试枪后,按照喷涂四要素正确喷涂两个湿层一个雾层,层间使用文丘里吹风枪彻底吹干,确认色板底色完全遮盖后,停止喷涂。使用文丘里吹风枪彻底吹干银粉漆,接下来喷涂清漆。再放入烤箱,烤干试色板。

喷涂银粉漆试色板

喷涂试色板清漆

烘烤试色板

6. 对比银粉试色板

把烘干的样板拿出烘箱,与待修补的目标板从色相、明度、彩度三方面进行对比。如果比对结果已经能满足颜色要求,则进行实车喷涂;如果比对结果发现颜色有差异,则需要添加色母进行微调。

银粉漆试色板比色

7. 进行银粉漆微调

添加并搅拌均匀后的涂料,从色相、明度、彩度三方面与待调配的标准色板进行比对,结果表明所调颜色与汽车的颜色不一样,则必须鉴定出应添加哪一种色母,继而添加该色母使待配色与目标色接近,这个过程就是"精细配色"或"人工微调"。这是一个比较和添加涂料的循环,此循环不断重复,直至与目标色一致。

【岗位小贴士】

(1)应严格遵循涂料制造商要求的稀释剂添加比例,确保喷涂效果。

(2)比色时要注意光线和背景色对比色的影响。通常比色最好在阳光下进行。如果没有阳光,那么必须在配色灯下进行。在比色时要考虑周围环境因素的影响,其它有色物体如墙壁的颜色光线有时会反射到要比较的目标板和实验样板上,使颜色看起来与其真正的颜色不同,影响比色。所以颜色比较要在不受其它颜色影响的地方进行,调色间的墙壁应涂成白色或灰色。

【1+X证书】

(1)能判断银粉漆色漆样板与目标板的色差并选择色母,确定正确的添加量。

(2)能对银粉漆色差进行分析。

(1)银粉漆明度调整。

明度可以通过以下四个方面来调整：

①用添加剂（也叫控色剂）来调整。

②改变银粉颗粒的大小来调整。

③利用添加银粉的量。

④利用基色的特性调整。

银粉漆微调

(2)银粉漆色相、彩度调整。

①如果加对比色色母来降低此色母效果,则颜色会逐渐变浑浊,同时彩度降低,因此只能从主色旁边的颜色区域中选色母:较亮时接近白色中心选择,较暗时在色环边缘选择。

②颜色太清澈要变浊一点时,可加入黑色色母;颜色太浊要变清澈一点时,可用较亮的银粉色母取代较暗的银粉色母。

8. 保留最终试色板

(1)把当前的试色板和以前的试色板进行比较,如果颜色一致或通过过渡可以解决,则把试色板放入样板箱内收集保留。

(2)在最终试色板前端写上颜色编号,在试色板的后面加入所有的颜色信息:注明初始配方和调整后配方,每百克添加的色母量(包括配方制作日期)。

保留最终试色板

【岗位小贴士】

(1)迎光太亮、背光太暗时可用细的银粉取代较粗的银粉;迎光太暗、背光太亮时可用粗的银粉取代较细的银粉。细银粉的背光亮度低,不够亮;中银粉通常是单独使用,或与其它银粉配合;粗银粉对背光色调的影响较大。

(2)微调:根据选择要调整的属性——色调、明度或彩度选择开始的调整方向。至于先调整哪一个属性,并没有严格的规定。可以从色调开始,也可以从明度开始。有时,最好是从差别最大的属性开始调整。

(3)黑色和白色一般说来可以偏向蓝色或黄色的方向。但由于黑和白实际上分别处于三维颜色空间的底端和顶端,因此,它们可以偏向任何方向。纯黑色和纯白色被看作是无色调、无彩度而只有明度的颜色。

(4)选取试色板上与车身颜色最接近的部分,实际修补时的银粉层色漆应使用与该部分相同的喷涂层数。

(5)这些试色板可以组成你自己的色谱卡,建立颜色资料库并进行归档,为将来的工作节省宝贵的时间。

(四)现场整理

(1)电子秤、比色灯箱、烤箱等设备整理归位。
(2)喷枪、量杯、比例尺等工具清洗后归位。
(3)涂料盖好盖子放回防爆柜,废弃物分类丢弃,如图 9-15 所示。
(4)完成现场 5S。

现场 5S

图 9-15 废弃物分类丢弃

实训总结

(1)查找代码有车身查找、色卡比对、测色仪测量三种方式。
(2)根据代码查询配方,并打印银粉漆配方。
(3)银粉漆试色板喷涂干燥后,与待修补的目标板从色相、明度、彩度三方面进行对比,如果有色差,需进行微调。
(4)银粉漆的微调分别从明度、彩度与色相三个维度进行。

【1+X 证书】

能对调色过程中遗洒的涂料等废弃物进行正确处理,防止污染作业环境。

【劳动佳句】

要想获得一种见解,首先就需要劳动,自己的劳动,自己的首创精神,自己的实践。

——陀思妥耶夫斯基

实训任务书

【实训任务记录】

(一)作业前穿戴防护用品

(二)准备相关设备、工具、耗材

(三)银粉漆调色施工

1. 步骤一:制订银粉漆调色施工流程

2. 步骤二:确定原车颜色(共2分,每题1分)

(1)你采用了以下哪种方法查找维修车辆的颜色代码。
□车身查找　□色卡比对　□测色仪测量

(2)待维修的车辆的颜色代码是_____。

3. 步骤三:查询配方(共3分)

记录查询到的银粉漆配方:

色母代号	色母名称	质量	备注
	合计		

4. 步骤四:称量、搅拌银粉漆(共3分,每空1分)

(1)查阅涂料产品手册,银粉漆和稀释剂的配比是_____。

(2)银粉漆称量总质量是_____ g。

(3)添加稀释剂的质量是_____ g。

5. 步骤五:喷涂、烘烤银粉漆色板(共2分,每空1分)

(1)银粉漆喷涂层数是 _____层。

(2)烤箱烘烤色板设置的温度是 _____℃。

6. 步骤六:对比银粉试色板(共 4 分,每项 1 分)

将按照配方喷涂的银粉漆试色板与车身颜色进行对比,将对比结果填入颜色分析表:

	配方板 A(配方颜色)	目标板 B(车身颜色)
银粉颗粒大小		
颜色色相		
颜色明度		
颜色彩度		

7. 步骤七:进行银粉漆微调(共 4 分,每项 1 分)

1)银粉漆明度调整

根据颜色分析表呈现的银粉颗粒大小、明度差别,你采取的调整方案是_____。

2)银粉漆色相、彩度调整

(1)根据颜色分析表呈现的色相差别,你的调整方案是_____。

(2)根据颜色分析表呈现的彩度差别,你的调整方案是_____。

3)喷涂的最终色板与维修车辆银粉漆面颜色比对结果:

☐颜色一致　☐轻微色差　☐色差非常大

8. 步骤八:保留最终试色板(共 2 分)

保留的最终色板需要记录的信息:

☐配方明细　☐制作日期　☐颜色编号　☐车辆信息

(四)现场整理

项目九 银粉漆调色作业

质量监控表

项目	分值	评分细则	扣分细则	得分
调色防护	6分	全程穿戴防护眼镜、耳塞、工作帽、安全鞋和防静电工作服,戴乳胶(薄)手套及佩戴活性炭过滤式面罩,短时间摘除眼镜比对颜色或擦干净眼镜不扣分	如整个操作过程中有一项防护用品佩戴错误或未戴,则扣6分	
调色分析	4分	颜色工具识读:色母主色,颜色偏向	错误1项扣2分	
	5分	色板各属性差异判断:正面颜色差异	错误1项扣5分	
	5分	色板各属性差异判断:侧面颜色差异	错误1项扣5分	
	20分	颜色方案理论:判断需添加的色母	错误1项扣20分	
调色结果	60分	色板喷涂未完全盖住底色、色漆发花、清漆漏喷等缺陷	每种缺陷扣15分	
		色板正面有大量起痱子、手印,每种缺陷扣10分;提交色板未完全干燥不扣分,需注意将提交的色板分别放置,防止粘连	每种缺陷扣10分	
合计	100分			

个人自评表

班级		组名		姓名		日期	年　　月　　日	
评价指标	评价内容					分值	分数	
信息检索	能有效利用网络、图书资源、工作手册查找有用的相关信息等；能用自己的语言有条理地解释、表述所学知识；能将查到的信息有效地运用到工作中					10分		
感知工作	熟悉工作岗位，认同工作价值；在工作中能获得满足感					10分		
参与态度	积极主动参与工作，能吃苦耐劳，崇尚劳动光荣、技能宝贵；与教师、同学之间相互尊重、理解；与教师、同学之间能够保持多向、丰富、适宜的信息交流					10分		
	探究式学习、自主学习不流于形式，能处理好合作学习和独立思考的关系，做到有效学习；能提出有意义的问题或能发表个人见解；能按要求正确操作；能够倾听别人意见、协作共享					10分		
学习方法	学习方法合理，有工作计划；操作技能符合规范要求；能按要求正确操作；获得了进一步学习的能力					10分		
工作过程	遵守管理规程，操作过程符合现场管理要求；善于多角度分析问题，能主动发现、提出有价值的问题					15分		
学习态度	能发现问题、提出问题、分析问题、解决问题、创新问题					10分		
自评反馈	按时保质完成工作任务；较好地掌握了专业知识点；具有较强的信息理解能力和分析能力；具有较为全面严谨的思维能力，并能条理清楚地表达成文					25分		
	自评分数					100分		
有益的经验和做法								
总结反馈建议								

小组互评表

班级		被评小组		日期	年　月　日
评价指标	评价内容			分数	分数
信息检索	该组能有效利用网络、图书资源、工作手册查找有用的相关信息等			5分	
	该组能用自己的语言有条理地解释、表述所学知识			5分	
	该组能将查到的信息有效地运用传递到工作中			5分	
感知工作	该组熟悉工作岗位,认同工作价值			5分	
	该组成员在工作中能获得满足感			5分	
参与态度	该组与教师、同学之间相互尊重、理解、平等			5分	
	该组与教师、同学之间能够保持多向、丰富、适宜的信息交流			5分	
	该组能处理好合作学习和独立思考的关系,做到有效学习			5分	
	该组能提出有意义的问题,或能发表独到见解;能按要求正确操作;能够倾听他人意见,协作共享			5分	
	该组能积极参与,在实操过程中不断学习,综合运用信息技术的能力得到提高			5分	
学习方法	该组的工作计划、操作技能符合现场管理要求			5分	
	该组获得了进一步发展的能力			5分	
工作过程	该组遵守管理规程,操作过程符合现场管理要求			5分	
	该组成员能完成任务,善于多角度分析问题,能主动发现、提出有价值的问题			20分	
学习态度	该组能发现问题、提出问题、分析问题、解决问题、创新问题			5分	
自评反馈	该组能严肃认真地对待自评,并能独立完成自测试题			10分	
	互评分数			100分	
简要评述					

教师评价表

班级		组名		姓名		
评价内容	评价要点	考查要点	分值	评分标准		分数
任务描述、接受任务	口述内容细节	(1)表述时仪态自然、吐字清晰	2分	表述时仪态不自然或吐字模糊扣1分		
		(2)表达思路清晰、层次分明、准确		表达思路模糊或层次不清扣1分		
任务分析、分组情况	依据流程分组分工	(1)分析流程关键点准确	3分	表达思路模糊或层次不清扣1分		
		(2)涉及的理论知识回顾完整,分组分工明确		知识不完整扣1分,分工不明确扣1分		
制订计划	制订实施流程	准确制订操作流程	10分	错误一步扣1分,扣完为止		
计划实施	调色前准备	(1)安全防护用品准备	5分	每漏一项扣1分		
		(2)设备工具准备		每漏一项扣1分		
	银粉漆调色施工	(1)任务实施记录	20分	见实训任务书		
		(2)任务过程监控	40分	见质量监控表		
	现场恢复	(1)设备归位、回收工具材料	3分	每漏一项扣1分,扣完为止		
		(2)场地5S工作	2分	每违反一项扣1分,扣完为止		
总结	任务总结	(1)依据自评分数	2分	—		
		(2)依据互评分数	3分	—		
		(3)依据个人总结评分报告	10分	依据总结内容是否到位酌情给分		
合 计			100分			

习题巩固

1. 银粉漆色母的基质是（　　）。
   A. 云母粉　　　　　B. 铝粉　　　　　C. 镁粉　　　　　D. 铁粉

2. 银粉漆由（　　）层漆组成。
   A. 2　　　　　　　B. 3　　　　　　　C. 4　　　　　　　D. 1

3. 以下不是影响银粉漆颜色的因素是（　　）。
   A. 底材影响　　　　　　　　　　　　B. 喷涂层数影响
   C. 底色不同影响　　　　　　　　　　D. 天气温度影响

4. 一般来说，决定银粉漆正面颜色的是（　　）。
   A. 底层色漆　　　　　　　　　　　　B. 银粉层漆
   C. 清漆层漆　　　　　　　　　　　　D. 中涂底漆层漆

5. 保留最终色板，我们需要记录相关信息，以下不用记录的是（　　）。
   A. 颜色配方　　　　　　　　　　　　B. 车主信息
   C. 配方制作日期　　　　　　　　　　D. 颜色编号

项目十　珍珠漆调色作业

项目概述

近年来,汽车色彩层出不穷,人们越来越青睐于色泽亮丽,质感出众的色彩。因珍珠漆具有更多干涉性效果变化,越来越多消费者在购车时选择珍珠漆,这就要求从业者能熟练地完成珍珠漆的调色作业,满足客户的需求。

本项目主要学习:认识珍珠漆、珍珠漆调色分析、珍珠漆调色施工。

学习目标

1. 知识目标

(1)能叙述珍珠漆的呈色原理;
(2)能复述珍珠漆调色的基本流程。

2. 能力目标

(1)能分析影响珍珠漆调色效果的因素;
(2)能根据规范流程正确完成珍珠漆的调色;
(3)能分析珍珠漆的色差,能进行微调。

3. 素质目标

(1)具备良好的沟通能力和表达能力;
(2)具有与他人密切合作和规范安全地完成学习活动的能力;
(3)培养严谨细致、一丝不苟、精益求精的工匠精神;
(4)培养不怕吃苦、不怕累、热爱劳动的精神。

任务一　认识珍珠漆

目标

（1）能叙述珍珠漆的呈色原理；
（2）具备良好的沟通能力和表达能力。

分析

知识引入

（一）珍珠漆由来

大自然中有许多色彩缤纷的物质，如贝壳、鸟羽及珍珠等。这些柔和闪烁的色彩是由多个薄层造成的，层层相叠将光线以不同的、多变的方式反射或吸收。根据天然珍珠的显色原理，在片状的云母片上加上不同厚度的钛白粉或氧化铁等无机氧化物，然后做成细薄片，加入涂料中，这样，当光线照在这些人造珍珠片上时，也可以产生类似珍珠的色彩效果。这种涂料的颜色正侧面不同，产生变化的色彩，这就是所谓的珍珠漆。1980 年，德国涂装专家苏塔努希首次使用云母珠光颜料，制成了一种具有全新色彩艺术风格的珍珠汽车涂料，并成功用于美国福特汽车公司的轿车生产线。珍珠汽车漆具有很高的镜面光泽，珠光细腻柔和，装饰性极佳，同时又具有随视角变化而变化的闪光效果，从而奠定了它在现代轿车、摩托车表面的装饰性涂装中的地位。目前，美、欧、日三大汽车产地的各大汽车公司，几乎所有高档豪华轿车均采用珍珠漆涂装。

（二）珍珠漆的构造及颜色产生的原理

珍珠漆的构造及颜色产生的原理如图 10-1 所示。我们常说的珍珠色母大多数由云母粉表面镀上一层二氧化钛加工而成。通过控制二氧化钛层的厚度，就可以得到一系列不同颜色的珍珠色母。例如像白珍珠、黄珍珠、红珍珠、绿珍珠和蓝珍珠等。还有一种比较新的银色云母则是用了镀银，这样能提供立体效果显著的金属银色光泽。

珍珠漆构造

项目十　珍珠漆调色作业

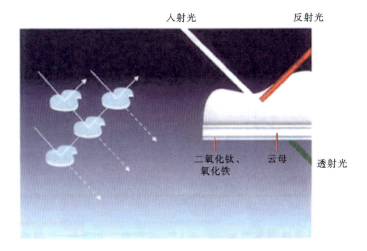

珍珠漆呈色原理

图10-1　珍珠漆的构造及呈色原理

(三)钛膜云母颜料

珍珠漆里的闪光颜料主要是钛膜云母颜料,这些颜料是在透明的云母外表面涂上二氧化钛。与铝颜料不同,钛膜云母颜料具有一定的透光性,使一部分光从颜料表面反射,并使余下的光透过,如图10-2所示。钛膜云母颜料可分成四种类型,即白云母、干涉云母、着色云母和银云母。每种有不同的颜色,如表10-1所示。

钛膜云母

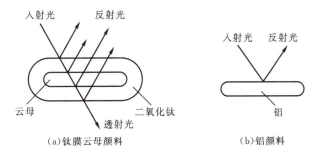

(a)钛膜云母颜料　　(b)铝颜料

图10-2　钛膜云母颜料及铝颜料

表10-1　钛膜云母颜料特性

钛膜云母颜料类型		二氧化钛膜厚度/μm	反射光	透射光
	白云母	0.1~0.15	珠光银	—
	干涉云母	约0.21	黄	蓝
		约0.25	红	绿
		约0.31	绿	红
		约0.36	绿	红

续表

钛膜云母颜料类型		二氧化钛膜厚度/μm	反射光	透射光
二氧化钛 云母 氧化铁	着色云母	0~0.1	红	红
银 云母 二氧化钛	银云母	约0.10	金属银色光泽	—

1. 白云母

白云母结构如图 10-3 所示,是在透明云母外表面涂以 0.10~0.15 μm 后的二氧化钛,反射光为珍珠似的银色。因为实际上它反射所有波长的光,所以透过的光不显示任何特殊单色。

白云母

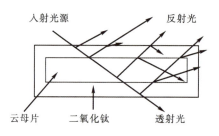

图 10-3 白云母结构示意图

2. 干涉云母

干涉云母的二氧化钛的涂层要比白云母的厚,如图 10-4 所示,干涉云母根据涂层的厚度改变反射光和透射光。例如,如果二氧化钛涂层厚度为 0.21 μm,只反射特殊波长的光,允许剩余部分透过。反射光显黄色,而透射光显蓝色,因此观看角度不同显示颜色不同。

干涉云母

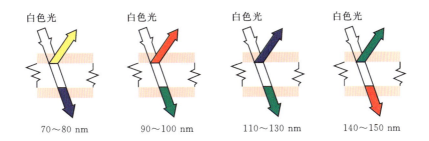

图 10-4　干涉云母结构

3. 着色云母

如图 10-5 所示，着色云母是在透明云母表面涂上二氧化钛和氧化铁。因此，反射光变成氧化铁的颜色，即红色。在过去使用的稍红的金属漆中，普通颜料的红色被白色的铝颜料反射光所抵消；与铝颜料不同，着色云母颜料增加颜料的红色鲜映性，形成了有深度和透明度的美丽红色金属漆。

着色云母

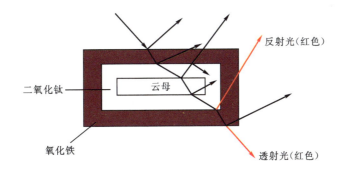

图 10-5　着色云母结构

4. 银云母

银云母是在透明的云母外涂上二氧化钛，在二氧化钛外镀上银粉，如图 10-6 所示。其效果特征是能提供立体感的金属银色光泽。

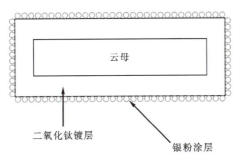

银云母

图 10-6　银云母结构示意图

5. 水晶珍珠

随着科技的发展,高科技的水晶珍珠也在汽车涂料中大量使用,水晶珍珠的结构特点,如图10-7所示。与传统珍珠最大的区别是,水晶珍珠使用了高纯度的氧化铝金属取代云母为底材,外层镀以不同厚度的金属氧化物如 TiO_2 等,其效果特征是在强光下闪烁度正、侧面都强。

水晶珍珠

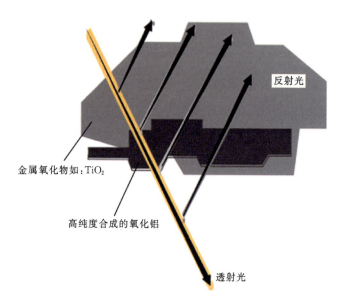

图10-7 水晶珍珠结构

(四)根据施工方式对珍珠漆分类

1. 双工序珍珠漆

在汽车生产的面漆涂装线上,通常是先喷涂色漆或金属漆,然后再喷涂罩光清漆,两种涂层结合在一起才能形成有质量保证的完整的面漆层,所以被称为双工序,如图10-8所示。

双工序珍珠漆

图10-8 双工序珍珠漆

双工序珍珠漆根据颜料的组成,可分为珍珠漆和珍珠银。特点如表10-2所示。

表 10-2 双工序珍珠漆颜料特点

序号	颜料	特点	图示
1	珍珠漆（双工序）	颜料具有深度感，具光泽感和通透性，置于室内或较暗的地方有素色漆的效果	清漆层／二氧化钛云母／颜料／中涂层漆层／珍珠漆
2	珍珠银（双工序）	铝片置于暗处具有银色反光效果，而云母片置于强光更具闪烁感	清漆层／二氧化钛云母／颜料／铝片／中涂层漆层／珍珠银

2. 三工序珍珠漆

在汽车生产的面漆涂装线上，这类颜色是先喷涂底色漆，接着喷涂珍珠色漆，最后再喷涂清漆，所以被称为三工序，如图 10-9 所示，其中底色漆可以是素色漆，或者是银粉漆。

三工序珍珠漆

图 10-9 三工序珍珠漆

在三工序珍珠漆中，通常利用低遮盖力的珍珠色漆（云母）覆盖在其底色漆上，一个能提高底色的反光性，另一个可以使正、侧面色调反差强烈，给人造成深刻的印象。其中底色一般选取浅亮的色漆，纯色为主，也有少部分银粉漆；珍珠漆多数直接使用不添加其它颜色的，纯色漆色母。如图 10-10 所示，三工序的彩虹珍珠特点是通过反射底色的颜色，使漆面更具艳丽的彩虹效果。

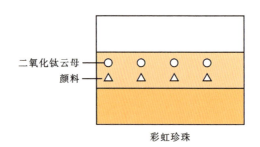

图 10-10 彩虹珍珠

(五)珍珠漆特点

三工序珍珠漆的特性:直射日光或类似光源下,显著的正侧面颜色差别表现非常明显,正面颜色干净、鲜艳,侧面暗淡。由于涂膜厚度的不同或干、湿喷的涂装方式的不同,颜色变化很大。

珍珠漆特点

(1)使用珍珠色母能使颜色的饱和度更高、显得更纯更鲜艳。

(2)珍珠色母的颗粒更细,且同色珍珠中也有粗细之分。所以,有时在配方中仅使用很少量的闪银也能近似模仿出珍珠的正面效果。

(3)珍珠色母在配方中的数量多的话,则侧视色调就较浅,且无法调得暗。

(4)在湿漆状态下,珍珠色母在颜色方面表现得比较突出,实际喷涂后则没有这么明显。特别在使用黄、绿珍珠等。

(5)可以在阳光直射下检查珍珠的颗粒闪亮和颜色反射程度。

任务总结

珍珠漆的珍珠色母大多数由云母粉表面镀上一层二氧化钛加工而成。通过控制二氧化钛层的厚度,就得到了我们所见的一系列不同颜色的珍珠色母粉,光线照射到上面会产生反射、透射、吸收,从而产生了360度炫彩效果。因为有光线透射,所以颜色看起来非常有层次感。

任务二 珍珠漆调色分析

任务目标

(1)能分析影响珍珠漆调色效果的因素;

(2)具备良好的沟通能力和表达能力。

知识 引入

影响珍珠漆颜色主要有底材、喷涂层数、底色等因素。

(1)底材对三层珍珠颜色的影响(以黄珍珠为例)如图 10-11 所示。亮黄色黑色底材的:只有被漆层反射的光线才可被看见,折射透过涂层的光被吸收。亮黄色白色底材的:取决于漆层反射和底材反射共同作用的颜色。

 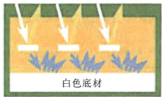

影响珍珠漆颜色的因素

图 10-11　底材对三层珍珠的影响

(2)喷涂层数及底色对三层珍珠颜色的影响,如图 10-12 所示。颜色的总体效果由底色漆和中间层的颜色决定的,应该尽可能地将底色漆调配到非常接近。不要试图同时调配出底色漆和中间层色漆,尽量保留露出一部分底色,以方便后面的调色。颜色的强度取决于底色层;颜色的纯净度取决于中间层。用银粉做底色漆时,通常使用较粗较闪的银粉,因为中间层色漆常常会"弱化"这些银粉的效果,使银粉颗粒显得较细。

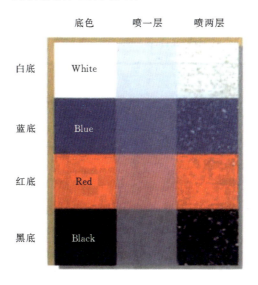

图 10-12　喷涂层数及底色对三层珍珠颜色的影响

向车身上喷涂前必须先试喷试板,确保底色漆的颜色正确,控制中间层色漆的喷涂次数,才能获得最为接近的颜色,达到汽车漆面的无痕修补。

任务总结

影响珍珠漆的颜色因素较多,调色时要具体分析不同底材、不同底色以及喷涂次数多少等因素,才能调好三工序珍珠漆。

实训　珍珠漆调色施工

实训描述

【任务说明】

王先生,驾驶车型为丰田 Prado 4500,在一次在交通事故中,前车门碰撞损坏,经保险公司理赔员定损后,开到涂装车间进行修补涂装。请调色人员调配与原车门相同颜色的珍珠漆。请安全、环保地完成此项工作任务。

【任务目标】

(1)能复述珍珠漆调色的基本流程;

(2)能根据规范流程正确完成珍珠漆的调色;

(3)能分析珍珠漆的色差,能进行微调;

(4)具备良好的沟通能力和表达能力;

(5)具有与他人密切合作和规范安全地完成学习活动的能力;

(6)培养严谨细致、一丝不苟、精益求精的工匠精神;

(7)培养不怕吃苦、不怕累、热爱劳动的精神。

【任务分析】

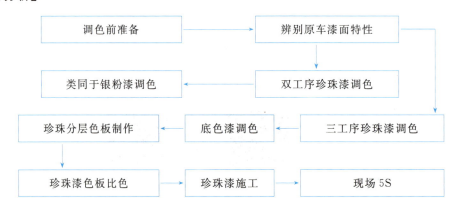

物料准备

物料准备见表10-3。

表10-3 物料准备要求

序号	名称	规格及技术要求	数量	类别
1	喷烤漆房	风速0.2~0.6 m/s,可满足4人同时喷涂	1	设备
2	色母搅拌架	色母架(含整套色母)	1	设备
3	烤箱	三层,烘烤试色板	1	设备
4	比色灯箱	具备多种光源(含D65)	1	设备
5	电子秤	立式,高精度,精确到0.1 g	4	设备
6	面漆喷枪	大流量低压力喷枪(HVLP)1.3口径	4	工具
7	清漆喷枪	大流量低压力喷枪(HVLP)1.3口径	4	工具
8	色卡、色母挂图	油漆产品的配套产品	1套	工具
9	量杯、比例尺	油漆量杯、油漆产品配套比例尺	足量	工具
10	擦拭布	喷漆专用擦拭布	足量	耗材
11	粘尘布	喷漆专用粘尘布	足量	耗材
12	快干清漆及固化剂	快速干燥的清漆产品	1套	耗材
13	试色板	15 cm×10 cm规格铝板	足量	耗材
14	配套油漆及其它辅料	配套油漆、稀释剂、洗枪香蕉水、干磨砂纸、过滤漏斗等	足量	耗材
15	工作服	防静电(含帽子)	足量	防护
16	安全鞋	鞋子前部有防刺穿钢板,符合劳保要求	足量	防护
17	耳塞	用于防止噪声侵害	足量	防护
18	护目镜	保护眼睛	足量	防护
19	防毒面具	半面式,带活性炭过滤装置	足量	防护
20	防溶剂手套	丁腈手套	足量	防护
21	厚防溶剂手套	厚橡胶手套(加长)	2	防护

实训实施

(一)作业前穿戴防护用品

正确穿戴防护用品(图 10-13)。

(1)工作服(含帽子);

(2)安全鞋;

(3)耳塞;

(4)护目镜;

(5)防毒面具;

(6)防溶剂手套。

图 10-13 穿戴防护

(二)准备相关设备、工具、耗材

1. 设备准备

(1)喷烤漆房、色母架运行准备;

(2)烤箱、比色灯箱运行准备;

(3)电子秤通电、校准、归零准备。

设备准备

2. 工具、耗材准备

(1)面漆、清漆喷枪准备;

(2)色母挂图、色卡、比例尺、量杯准备;

(3)油漆及相关辅料准备;

(4)试色板、过滤漏斗准备。

工具、耗材准备

【1+X 证书】
能按照职业健康管理的要求正确佩戴安全防护用品。

(三)珍珠漆调色施工

1. 制订珍珠漆施工流程

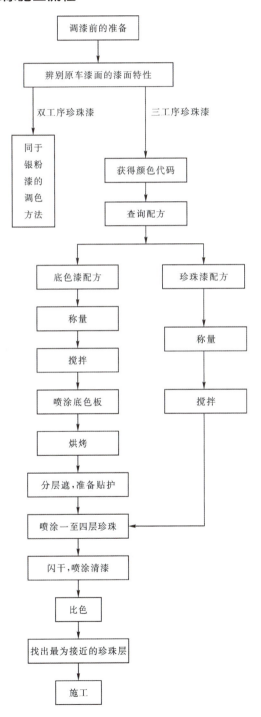

珍珠漆调色流程

2. 鉴别珍珠漆

(1) 双工序珍珠漆鉴别。

待修补部位置于室内或较暗的地方有素色漆的感觉,颜料具有深度感,具通透性和闪烁性,为两工序珍珠漆。或者待修补部位置于室外具有银粉漆效果,而置于强光下云母片更具闪烁感的为两工序珍珠银。双工序珍珠漆调色施工程序同于双工序银粉漆施工程序。调色方法类同于银粉漆的调色。

(2) 三工序珍珠漆鉴别。

在直射日光或类似光源下,显著的正侧面颜色差别表现非常明显:正面通过反射底色的颜色,使漆面更具艳丽的彩虹效果,颜色干净、鲜艳;侧面暗淡。据此可判断三工序珍珠漆。

鉴别珍珠漆

3. 获得颜色代码

和前面调色任务一样,我们有三种方法可以获得颜色代码。

(1) 在丰田车身发动机舱,B柱等位置查找颜色代码。

(2) 使用油漆公司提供的色卡比对车身颜色,确定颜色代码。

(3) 使用测色仪测量车身表面,获取车身颜色代码。

获得颜色代码

4. 查询配方

(1) 将查找到的颜色代码,输入油漆供应商提供的配方查询软件,获取到对应的底色漆和珍珠漆颜色配方及底漆灰度。

(2) 确定用量,打印底色漆和珍珠漆层颜色配方。

查询配方

5. 称量、搅拌底色漆

(1) 对照打印出的底色漆配方,将量杯置于电子秤上,去皮归零。称量时量大的色母先倾倒,每次结束,电子秤归零,再继续称量下一个色母。完成色母称量后,将量杯从电子秤上取下,搅拌混合,仔细观察,直到颜色均匀。

(2) 根据涂料使用手册,添加适量的稀释剂,彻底搅拌均匀后,过滤至面漆喷枪枪壶内待用。

(3) 取用新的试色板,使用 P500 干磨砂纸或灰色菜瓜布彻底打磨其表面至无光泽,清洁除油后待用。

【1+X 证书】

(1) 能根据车辆的信息标签识别车漆颜色代码。

(2) 能正确使用色卡、计算机配方系统查找三工序珍珠漆颜色配方。

(3) 能查询三工序珍珠漆面漆配方中的灰度。

色漆称量、搅拌　　　　试色板打磨准备

6. 喷涂、烘烤底色板

(1)将装有底色漆的面漆喷枪放入喷烤漆房,试色板背面粘贴到喷涂架上,准备好粘尘布、文丘里吹风枪。

(2)使用粘尘布对试色板粘尘,试枪后,按照喷涂四要素正确喷涂两个湿层,层间使用文丘里吹风枪彻底吹干,确认色板底色完全遮盖后,停止喷涂,使用文丘里吹风枪彻底吹干底色漆,再放入烤箱,烤干试色板。

喷涂底色板

7. 对比底色

(1)从烤箱将喷涂底色漆的试色板取出,打开车辆发动机盖或者车门,观察内部。一般这些内部位置漆面都未喷涂珍珠层,使用试色板与这些部位对比颜色。

(2)对比颜色一致,则进行下一步。如果颜色有差异,则按照素色漆调色微调方法对底色漆微调,如果底色漆为银粉漆,则按照银粉漆微调方法对底色漆微调,直至颜色一致。

对比底色

8. 分层贴护试色板

珍珠层的颜色主要根据车身正面颜色和珍珠颗粒分布决定。喷涂珍珠层的层数不同,颜色也会不同,因此对于所有三工序珍珠色的调配来说,制作分层试板以供对色是非常必要的步骤。

如图10-14所示,完成4层贴护。

【1+X证书】

(1)能正确使用重量秤。

(2)能正确使用喷枪喷涂三工序珍珠漆样板。

【岗位小贴士】

(1)应严格遵循涂料制造商要求的稀释剂添加比例,确保喷涂效果。

(2)由于三工序珍珠漆的颜色来源于底色和珍珠层的总和,一般底色决定侧面颜色,珍珠漆决定正面颜色。

(3)汽车实际维修中,三工序珍珠漆一般底色漆颜色和配方颜色是一致的,但是也存在有部分车辆在多次喷涂后,底色漆存在色差,需要人工微调的情况。

分层贴护色板

图 10-14　分层贴护

9. 称量、搅拌珍珠层漆

（1）对照打印出的珍珠层漆配方，将量杯置于电子秤上，去皮归零。称量时量大的色母先倾倒，每次结束，电子秤归零，再继续称量下一个色母。完成色母称量后，将量杯从电子秤上取下，搅拌混合，仔细观察，直到颜色均匀。

称量、搅拌珍珠层漆

（2）根据涂料使用手册，添加适量的稀释剂，彻底搅拌均匀后，过滤至面漆喷枪枪壶内待用。

【1+X 证书】

（1）能判断三工序珍珠漆色差，选择色母及添加量。

（2）能正确使用喷枪喷涂三工序珍珠漆样板。

【岗位小贴士】

称重必须准确，应严格遵循涂料制造商要求的稀释剂添加比例，确保喷涂效果。

10. 喷涂珍珠层漆

(1) 喷涂珍珠色漆前必须充分搅拌,因为珍珠色母颜料比重大,容易沉淀。

(2) 按照喷涂四要素要求喷涂珍珠层,每喷涂一道珍珠色漆,去除一层遮蔽纸,这样色板的四部分分别为四层、三层、二层、一层。

(3) 珍珠层干燥后,在整个试板上喷涂双组分清漆,然后用烤箱烘干或用红外烤灯固化。

喷涂的珍珠漆试色板干燥后,最终完成的分色试板如图10-15所示。

喷涂珍珠层漆、清漆

图10-15 分色试板示意图

11. 对比车身颜色

(1) 将珍珠漆分色试板与经过清洁的修补区邻近的原车色做比较,观察喷涂几层时珍珠色漆颜色最为接近待修补区。

(2) 确认颜色无差异,按照试板的制作方法,在待维修的丰田车身上喷涂相同层数的面漆。

对比车身颜色

【岗位小贴士】

(1) 喷涂试板的涂装条件需与喷涂车辆工件相同,不同的喷漆技术会产生不同的颜色。

(2) 珍珠漆应喷涂正确层数,珍珠色漆的层数会直接影响喷涂后的颜色效果:一般而言,若珍珠层喷涂得较薄,底色的色调就容易在正、侧面透出来;若珍珠层喷涂得较厚,正视珍珠粉颗粒明显,侧视会逐渐变暗。

(3) 选取试板上与车身颜色最接近的部分,实际修补时的珍珠层色漆应使用与该部分相同的喷涂层数。

【1+X证书】

能对调色过程中碰洒的漆料等废弃物进行正确处理,防止污染作业环境。

12. 保留最终试色板

(1)如果分色试板 1~4 层珍珠漆的颜色均有差异,需要重新从底色层开始调色,再制作分色试板,直到找到最为接近的试板为止。

(2)把当前的试色板和以前的试色板进行比较,如果颜色一致或通过过渡可以解决,把试色板放入样板箱内收集保留。

(3)在最终试色板前端写上颜色编号,在色板的后面加入所有的颜色信息:注明初始配方和调整后配方,每百克添加的色母量(包括配方制作日期)。

保留最终试色板

(四)现场整理

(1)电子秤、比色灯箱、烤箱等设备整理归位。
(2)喷枪、量杯、比例尺等工具清洗后归位。
(3)漆料盖好盖子放回防爆柜,废弃物分类丢弃,如图 10-16 所示。
(4)完成现场 5S。

图 10-16　废弃物分类丢弃

现场 5S

实训总结

(1)查找代码有车身查找、色卡比对、测色仪测量三种方式。
(2)根据代码查询配方,应分别查询打印底层色和珍珠层色配方。
(3)底层色色板喷涂干燥后,应和车身内部可见底色层层色的漆面比色,如果有色差,需进

【岗位小贴士】

这些试板可以组成你自己的色谱卡,建立颜色资料库并进行归档,为将来的工作节省宝贵的时间。

【劳动佳句】

我觉得人生求乐的方法,最好莫过于尊重劳动。一切乐境,都可由劳动得来,一切苦境,都可由劳动解脱。

——李大钊

行底层色微调。

（4）对试色板要进行分层贴护，一般为四层。

（5）喷涂珍珠层色时，喷涂一层，干燥后揭去一层遮蔽纸，直到四层遮蔽纸完全去除，我们就得到了四层的珍珠漆分层试色板。干燥后将分层试色板与车身进行比对。选择颜色接近的层数。在维修车辆上喷涂时，喷涂层数应一致。

（6）三工序珍珠色是颜色层和珍珠层的合成颜色，通常车身颜色取决于颜色层。如果四层珍珠色和车身颜色还是不符，请继续微调颜色层或者采用正确的修补工艺，不要试图通过增加珍珠层来达到颜色一致，这会导致清漆附着力不强。继续微调颜色层同于素色漆、银粉漆的调色。珍珠漆与着色清漆微调难度较大，建议采用晕色技术修补工艺，以免浪费时间。

【实训任务记录】

(一)作业前穿戴防护用品

(二)准备相关设备、工具、耗材

(三)珍珠漆调色施工

1. 步骤一:制订珍珠漆调色流程

2. 步骤二:鉴别珍珠漆

3. 步骤三:获得颜色代码(共2分,每项1分)

(1)你采用了以下哪种方法查找维修车辆的颜色代码。

□车身查找　　□色卡比对　　□测色仪测量

(2)待维修的车辆的颜色代码是_____。

4. 步骤四:查询配方(共4分,每项2分)

(1)记录查询到的底色漆配方:

色母代号	色母名称	质量	备注
	合计		

(2)记录查询到的珍珠层漆配方:

色母代号	色母名称	质量	备注
	合计		

5.步骤五:称量、搅拌底色漆(共 3 分,每空 1 分)

(1)查阅涂料产品手册,底色漆和稀释剂的配比是_____。

(2)底色漆称量总质量是_____g,添加稀释剂的质量是_____g。

6.步骤六:喷涂、烘烤底色板(共 2 分,每空 1 分)

(1)底色漆喷涂层数是_____层。

(2)烤箱烘烤色板设置的温度是_____℃。

7.步骤七:对比底色(共 2 分)

  喷涂有底色漆的色板与维修车辆内部无珍珠层漆面颜色比对结果:

□颜色一致　□轻微色差　□色差非常大

8.步骤八:分层贴护试色板

9.步骤九:称量、搅拌珍珠层漆(共 3 分,每空 1 分)

(1)查阅涂料产品手册,珍珠层漆和稀释剂的配比是_____。

(2)珍珠漆称量总质量是_____g,添加稀释剂的质量是_____g。

10.步骤十:喷涂珍珠层漆

11.步骤十一:比对车身颜色(共 2 分)

  通过分层试色板与维修车辆车身漆面颜色比对,和车身颜色最为接近的层数是

□第 1 层　□第 2 层　□第 3 层　□第 4 层

12.步骤十二:保留最终试色板(共 2 分)

  保留的最终试色板需要记录的信息有:

□配方明细　□制作日期　□颜色编号　□车辆信息

(四)现场整理

质量监控表

项目	分值	评分细则	扣分细则	得分
调色防护	6分	全程穿戴防护眼镜、耳塞、工作帽、安全鞋和防静电工作服,戴乳胶(薄)手套及佩戴活性炭过滤式面罩;短时间摘除眼镜比对颜色或擦干净眼镜不扣分	如整个操作过程中有一项防护用品佩戴错误或未戴,则扣6分	
调色分析	4分	颜色工具识读:色母主色,颜色偏向	错误1项扣2分	
	5分	色板各属性差异判断:正面颜色差异	错误1项扣5分	
	5分	色板各属性差异判断:侧面颜色差异	错误1项扣5分	
	20分	颜色方案理论:判断需添加的色母	错误1项扣20分	
调色结果	60分	色板喷涂未完全盖住底色、色漆发花、清漆漏喷等缺陷	每种缺陷扣15分	
		色板正面有大量起痱子、手印,每种缺陷扣10分;提交色板未完全干燥不扣分,需注意将提交的色板分别放置,防止粘连	每种缺陷扣10分	
合计	100分			

评价反馈

个人自评表

班级		组名		姓名		日期	年　　月　　日
评价指标	评价内容					分值	分数
信息检索	能有效利用网络、图书资源、工作手册查找有用的相关信息等;能用自己的语言有条理地解释、表述所学知识;能将查到的信息有效地运用到工作中					10分	
感知工作	能熟悉工作岗位,认同工作价值;在工作中能获得满足感					10分	
参与态度	积极主动参与工作,吃苦耐劳、崇尚劳动光荣、技能宝贵;与教师、同学之间相互尊重、理解;与教师、同学之间能够保持多向、丰富、适宜的信息交流					10分	
	探究式学习、自主学习不流于形式,能处理好合作学习和独立思考的关系,做到有效学习;能提出有意义的问题或能发表个人见解;能按要求正确操作;能够倾听别人意见、协作共享					10分	
学习方法	学习方法合理,有工作计划;操作技能符合规范要求;能按要求正确操作;获得了进一步学习的能力					10分	
工作过程	遵守管理规程,操作过程符合现场管理要求;善于多角度分析问题,能主动发现、提出有价值的问题					15分	
学习态度	能发现问题、提出问题、分析问题、解决问题、创新问题					10分	
自评反馈	按时保质完成工作任务;较好地掌握了专业知识点;具有较强的信息理解能力和分析能力;具有较为全面严谨的思维能力并能条理清楚地表达成文					25分	
	自评分数					100分	
有益的经验和做法							
总结反馈建议							

小组互评表

班级		被评小组		日期	年　　月　　日
评价指标	评价内容			分值	分数
信息检索	该组能有效利用网络、图书资源、工作手册查找有用的相关信息等			5分	
	该组能用自己的语言有条理地解释、表述所学知识			5分	
	该组能将查到的信息有效地运用传递到工作中			5分	
感知工作	该组熟悉工作岗位,认同工作价值			5分	
	该组成员在工作中能获得满足感			5分	
参与态度	该组与教师、同学之间相互尊重、理解、平等			5分	
	该组与教师、同学之间能够保持多向、丰富、适宜的信息交流			5分	
	该组能处理好合作学习和独立思考的关系,做到有效学习			5分	
	该组能提出有意义的问题或能发表独到见解;能按要求正确操作;能够倾听他人意见、协作共享			5分	
	该组能积极参与,在实操过程中不断学习,综合运用信息技术的能力得到提高			5分	
学习方法	该组的工作计划、操作技能符合现场管理要求			5分	
	该组获得了进一步发展的能力			5分	
工作过程	该组遵守管理规程,操作过程符合现场管理要求			5分	
	该组成员能完成任务,善于多角度分析问题,能主动发现、提出有价值的问题			20分	
学习态度	该组能发现问题、提出问题、分析问题、解决问题、创新问题			5分	
自评反馈	该组能严肃认真地对待自评,并能独立完成自测试题			10分	
	互评分数			100分	
简要评述					

教师评价表

班级				组名		姓名		
评价内容	评价要点	考查要点		分值		评分标准		分数
任务描述、接受任务	口述内容细节	(1)表述时仪态自然、吐字清晰		2分		表述时仪态不自然或吐字模糊扣1分		
		(2)表达思路清晰、层次分明、准确				表达思路模糊或层次不清扣1分		
任务分析、分组情况	依据流程分组分工	(1)分析流程关键点准确		3分		表达思路模糊或层次不清扣1分		
		(2)涉及的理论知识回顾完整,分组分工明确				知识不完整扣1分,分工不明确扣1分		
制订计划	制订实施流程	准确制订操作流程		10分		错误一步扣1分,扣完为止		
计划实施	调色前准备	(1)安全防护用品准备		5分		每漏一项扣1分		
		(2)设备工具准备				每漏一项扣1分		
	三工序珍珠漆调色施工	(1)任务实施记录		20分		见实训任务书		
		(2)任务过程监控		40分		见质量监控表		
	现场恢复	(1)设备归位、回收工具耗材		3分		每漏一项扣1分,扣完为止		
		(2)场地5S工作		2分		每违反一项扣1分,扣完为止		
总结	任务总结	(1)依据自评分数		2分		—		
		(2)依据互评分数		3分		—		
		(3)依据个人总结评分报告		10分		依据总结内容是否到位酌情给分		
合　　计				100分				

习题巩固

1. 珍珠漆色母的基质是(　　　)。
 A. 云母粉　　　　B. 铝粉　　　　C. 银粉　　　　D. 珍珠粉

2. 珍珠漆由(　　)层漆组成。
 A. 2　　　　　　B. 3　　　　　　C. 4　　　　　　D. 5

3. 以下不是影响珍珠漆颜色的因素是(　　　)。
 A. 底材影响　　　　　　　　　　B. 喷涂层数影响
 C. 底色影响　　　　　　　　　　D. 气候温度影响

4. 一般来说,决定三工序珍珠漆正面颜色是(　　　)。
 A. 底层色漆　　　　　　　　　　B. 珍珠层漆
 C. 清漆层漆　　　　　　　　　　D. 中涂底漆层漆

5. 保留最终色板,我们需要记录相关信息,以下不用记录的是(　　　)。
 A. 颜色配方　　　　　　　　　　B. 车主信息
 C. 配方制作日期　　　　　　　　D. 颜色编号

项目十一 水性涂料调色作业

项目概述

出于对环境保护的重视以及响应环境法规的要求,越来越多汽车厂家及地市开始推广并使用水性涂料,这就要求从业者能熟练地完成水性涂料的调色作业,满足市场的需求。

本项目主要学习:认识水性涂料、水性涂料调色分析、水性涂料调色施工。

学习目标

1. 知识目标

(1)能叙述水性涂料的优缺点;

(2)能复述水性涂料调色的基本流程。

2. 能力目标

(1)能分析影响水性涂料调色效果的因素;

(2)能根据规范流程正确完成水性涂料的调色;

(3)能分析水性涂料的色差,能进行微调。

3. 素质目标

(1)具备良好的沟通能力和表达能力;

(2)具有与他人密切合作和规范安全地完成学习活动的能力;

(3)培养严谨细致、一丝不苟、精益求精的工匠精神;

(4)培养不怕吃苦、不怕累、热爱劳动的精神。

任务一　认识水性涂料

(1)能叙述水性涂料的优缺点；
(2)具备良好的沟通能力和表达能力。

(一)水性涂料由来

水性涂料(Waterborne Coating)是指用水作溶剂或者作分散介质的涂料。水性涂料主要包括水溶性涂料、水稀释性涂料、水分散性涂料(乳胶涂料)3种。水性涂料大致由三部分组成：乳液(树脂悬浮于水中)、助剂及颜料。树脂是涂料的核心。

二十世纪三十年代,联邦德国首先研发出水性涂料,并将它推广商品化。二十世纪六七十年代我国才开始研发水性涂料。二十世纪九十年代美国加大对水性涂料的研发,占全球涂料成果20%以上。1996年德国都芳水性木器涂料进入中国市场。至二十一世纪,水性涂料占全球涂料的30%以上,在欧美日所占比例更高。而中国作为全球最大的涂料生产国,水性涂料在国内市场占有率远不及欧美发达国家。

(二)水性涂料特点

(1)水性涂料以水作为分散介质,安全环保,发生火灾的危险性低,有利于降低大气污染。
(2)水性涂料对材质表面适应性非常好,附着力强。
(3)水性涂料容器和工具都可用水清洗,没用完的涂料可以放在阴凉的地方保存,节约涂料资源。
(4)水性涂料电泳涂膜均匀,施工方便,防护性能好。

(三)水性涂料与溶剂型涂料区别

水性涂料与溶剂型涂料的最大区别在于以水取代有机溶剂作溶剂,如图11-1所示。

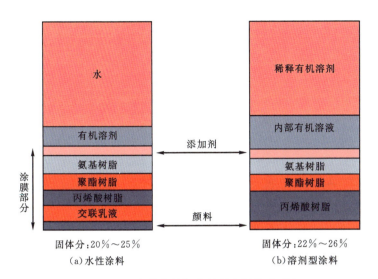

水性涂料介绍

图 11-1 水性涂料与溶剂型涂料构成对比

水性涂料不仅具有施工方便、环境污染小等特点，而且从根本上消除了溶剂型涂料在生产和施工过程中因溶剂挥发而产生的火灾隐患，也减少了有害有机溶剂对人体的危害。

（四）水性汽车涂料

水性汽车涂料是以水溶性树脂为成膜物，以聚乙烯醇及其各种改性物为代表，除此之外还有水溶醇酸树脂、水溶环氧树脂及无机高分子水性树脂等。

水性汽车涂料介绍

1. 水性汽车涂料的最大优点——环保

传统的溶剂型汽车涂料含有 85％ 以上的有机溶剂，而水性涂料仅含 10％ 的有机溶剂，因此 VOC 排放量较低。同时水性涂料还有较好的漆层特性，良好的通透性和光泽度。水性涂料的特点见表 11-1。

水性涂料优点

表 11-1 水性涂料的特点

特点	益处
水性产品	无重涂敏感性，不与底基反应，特别是不与原厂漆反应；无味，无溶剂蒸汽，大大改善工作环境；对维修人员更健康
施工简便	从溶剂型产品到水性产品转换容易；与车间标准修补设备基本兼容
驳口简易	减少工作时间
使用简单	容易培训
外观光滑平整	卓越的外观，极高的光泽度

续表

特点	益处
色母免搅拌	卓越的颜色准确性
无须调色架	减少占用空间和噪声
色母遮盖力强	平均能节省大约30%用量,修补迅速,节省时间

2. 水性汽车涂料的特点——工作效率高

水性涂料中大部分溶剂为水,其自然挥发速度比溶剂型涂料中溶剂慢,闪干时间相对较长。但水性涂料具有高表面张力,故在喷涂后可用压缩空气吹干表面,从而辅助其快速干燥。据实际测算,在正确喷涂水性涂料并使用吹风枪加快其干燥速度的情况下,水性底色漆喷涂时间平均为 5~10 min,而溶剂型底色漆的喷涂时间平均为 10~20 min,对比结果是水性涂料施涂效率更高。

水性涂料分类

(五)水性涂料分类

目前,国内市场上主流的水性涂料分为两大类:

(1)半油半水

指色母是溶剂型的铁罐包装,配合水性调整剂混合成水性涂料。

①优势一:相比溶剂型底色漆,水性涂料的有机溶剂含量减少大约90%。

②优势二:储存方便,无须恒温装置。

色母采用溶剂型,采用与溶剂型涂料相同的调漆机。所有色母无须特殊恒温箱装置,色母常温保存即可,并有 5 年保质期。按配方调配好的涂料可保存长达 6 个月。只有混合树脂和调整剂需要零度以上保存。

③优势三:操作简单,配置不变。

采用与溶剂型涂料同样的 HVLP 喷枪。与溶剂型涂料喷涂手法也相同,无须特别的喷涂工艺。采用供溶剂型涂料使用的标准化烤房,只需要添置水性涂料吹风枪。水性、油性过渡无障碍,上手可用,典型的代表就是德国巴斯夫鹦鹉水性涂料。

(2)纯水性

色母为水性色母塑料罐包装,使用时轻轻摇晃即可调色,但是色母必须恒温保存(5~35 ℃)。

优势一:色母无须搅拌,随取随用。

采用特殊技术(微胶抗沉淀技术),色母在存放过程中,不会产生沉淀现象,不需要搅拌。

优势二:VOC 挥发量远远低于欧洲标准,绿色环保。

由于涂料是纯水性的,水性、油性转换施工时,需要一个过渡期,大概30天左右,施涂方法会有细微改变。但从长远来看纯水性涂料是未来趋势,典型的代表就是PPG水性涂料。

(六)水性涂料调色设备特性

1. 喷烤漆房

水性涂料经过多年的发展,通常需加装电加热装置(辐射加热),无须特别安装吹风装置的喷烤漆房。喷烤漆房风速控制在0.2~0.6 m/s之间(常规喷烤漆房均能满足此条件)。使用喷烤漆房内的红外线烤灯即可辅助其快速干燥,从而提高效率。

水性涂料设备

2. 保温柜

水会在温度低于5 ℃时开始出现结晶颗粒,影响使用效果。而高温不利于长期储存和使用,因此纯水性涂料合适的存放温度是5~35 ℃,并应存放在干爽、远离热源的地方,如图11-2所示。保温柜可进行温度设定,通常设定在20 ℃左右,低于设定值温度范围时开始加热,高于设定温度范围时停止加热。

半油半水型水性涂料则需要搅拌,使用前需要存放在搅拌机上,并在搅拌机所在的调漆房安装空调,确保室内温度不低于5 ℃。

图11-2 水性涂料保温柜

3. 水性涂料喷枪

目前广泛推广使用的汽车水性修补涂料是水性底色漆。水性底色漆喷枪应尽可能为带气压表的水性专用喷枪,也可以在枪尾处加装枪尾压力表,这样可以保证喷涂样板与最终修补结果保持一致。推荐使用HVLP环保水性涂料专用喷枪,喷嘴口径一般为1.2~1.3 mm。HVLP喷枪涂料传递效率超过65%,涂料浪费少、污染小,包括SATA。WSB水性漆喷枪、Devilbiss HVLP水性涂料喷枪、Iwata HVLP水性涂料喷枪等。使用后要确保喷枪完全清洁并用清洁干燥的空气吹干,这对于保存溶剂清洗过的喷枪很重要。

水性涂料喷枪

【岗位小贴士】

文丘里效应(Venturi effect):是当风吹过阻挡物时,在阻挡物的背风面上方端口附近气压相对较低,从而产生吸附作用并导致空气的流动。基于文丘里效应制造的设备叫作文丘里XXX,如文丘里吹风枪、文丘里扩散管、文丘里收缩管、文丘里喷射泵、文丘里流量计等。

4. 文丘里吹风枪

由于水性涂料里溶剂是水，喷涂的时候，为了加速油漆中水的挥发，需要使用文丘里吹风枪（图11-3）加速空气流动，不只是吹出压缩空气，还能同时吸入大量周围的空气，使出风量达到供气量的10倍，从而快速干燥油漆表面，提高工作效率。

水性涂料其他设备

使用吹风枪时，应保持吹风枪在喷涂工件表面上方，且吹出空气的气流方向与被喷涂工件表面成45°（图11-4），吹风枪与工件的距离控制在30~80 cm范围。

图11-3 文丘里吹风枪

图11-4 文丘里吹风枪使用角度

5. 喷枪清洗/凝结设备

用专用的水性洗枪机，确保油性和水性涂料废物分开处理，调漆用容器和调漆棒也可以在洗枪机（图11-5）里清洗。注意，自来水会腐蚀枪身，不宜用来洗枪。

图11-5 水性涂料洗枪机

用于喷枪清洁，容器能被用于污水凝结。过滤器可过滤残渣，这些残渣必须被作为普通废漆，并作相应处理。过滤后的废水可再被循环使用。

【岗位小贴士】

水性涂料废物不允许排放入公共排水系统。

6. 调配的混合容器

在调配和储存水性色漆时务必使用塑料容器(图 11-6),不要使用金属容器。调配水性涂料时,也可以直接使用免洗枪壶作为容器。

图 11-6 塑料容器

7. 测色仪

不少涂料厂商开发了测色仪,如图 11-7 所示。测色仪的使用越来越广泛,即使无法查到某个车色的对应色号(如新车型、改色车型、资料不全或者无法找到色号的车型),也可以借助测色仪测出该颜色在数据库中最接近的配方,准确且高效。且操作简单,对于初学者也容易使用。

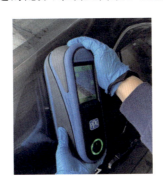

图 11-7 测色仪

水性涂料有自己的特性,也有自己的优缺点。对设备及施工条件等有不同于溶剂型涂料的要求,我们在调色时要具体根据水性涂料特点分析,为水性涂料调色奠定扎实基础。

任务二 水性涂料调色分析

任务目标

(1)能分析影响水性涂料调色效果的因素;

(2)具备良好的沟通能力和表达能力。

任务分析

知识引入

由于前面我们已经学习了溶剂型素色漆、银粉漆以及珍珠漆调色项目,本任务主要介绍水性底色漆在调色方面与溶剂型底色漆的不同。

(一)安全防护要求

水性涂料的环保特点是相对溶剂型涂料来说的,并不等于水性涂料无毒无害。在喷涂水性涂料时,仍有可能吸入挥发性有机化合物,眼睛及皮肤等也可能接触到树脂、颜料、添加剂等化学物质,因此仍然要遵守溶剂型涂料的防护要求。

(二)水性底色漆色板喷涂要点

在以下环境温度条件下喷涂水性涂料,其干燥速度最快:温度 25℃,相对湿度小于 70%,风速 0.2~0.6 m/s。

(1)较好遮盖力的底色漆的喷涂方法。

第一遍:喷涂一个双层(薄喷一层,无须闪干,接着中湿喷一层),使用吹风枪吹干至哑光状态。

第二遍:喷涂一个中湿层,吹干后加一个雾喷(素色漆无须雾喷)。

(2)遮盖力不好的底色漆的喷涂方法。

第一遍:喷涂一个双层(薄喷一层,无须闪干,接着中湿喷一层),使用吹风枪吹干至哑光状态。

第二遍:再喷涂一个双层,使用吹风枪吹干。

第三遍:雾喷(素色漆无须雾喷)。

(三)水性底色涂料调色要点

(1)确定原车颜色。可通过查找车身颜色代码、比对配方色卡以及使用测色仪三种途径来确定,优先推荐第一种,其次是第二种,最后是第三种。

(2)获取初始配方。根据步骤(1)途径获取的颜色查找颜色初始配方,依据配方准确称量。特别注意即使是微小的差别也会影响最终的颜色,所以不能随

水性涂料微调原则

意忽略不计,称量后立即彻底搅拌均匀。

(3)喷涂初始色卡。水性涂料的色卡必须喷涂,包括素色漆、银粉漆和珍珠漆都必须喷涂,每一遍色漆喷涂后都需要吹风枪吹干至哑光状态,最后喷涂清漆,使用与喷涂车辆同样的喷涂方法。

(4)比色。干燥后在自然光下比色,不要在阳光直射下对比。具体比色方法与溶剂型涂料相同,这里不再重复。

(5)微调。如果颜色需要微调,请选择初始配方中的色母,尽量参考水性色母指南,有助于选择正确的添加色母。微调时每添加一种色母,都要使用电子秤称量并记录添加量。重复喷涂色卡、比色、微调过程,直至颜色一致。水性银粉漆微调时要注意:①样板是否干燥;②正面和侧面的色相、银粉颗粒的大小;③银粉的排列方式、颗粒类型、环境因素、施工技术因素;④清漆层的影响、银粉色母、使用的颜料等的影响。

(6)将调整过的配方记录好并贴在对应比色板背面,存放好。

任务总结

影响水性涂料颜色的因素较多,我们在调色时要具体分析底材、喷涂方法及色漆干燥程度等因素。

实训　水性涂料调色施工

实训描述

【任务说明】

王先生,驾驶车型为丰田逸致,在一次交通事故中,右后翼子板碰撞损坏,经保险公司理赔员定损后,开到汽车维修企业进行修补涂装。请调色人员调配与原车右后翼子板相同颜色的水性涂料。请安全、环保地完成此项工作任务。

【任务目标】

(1)能复述水性涂料调色的基本流程;

(2)能根据规范流程正确完成水性涂料的调色;

(3)能分析水性涂料的色差,能进行微调;

(4)具备良好的沟通能力和表达能力;

(5)具有与他人密切合作和规范安全地完成学习活动的能力;

(6)培养严谨细致、一丝不苟、精益求精的工匠精神;

(7)培养不怕吃苦、不怕累、热爱劳动的精神。

任务分析

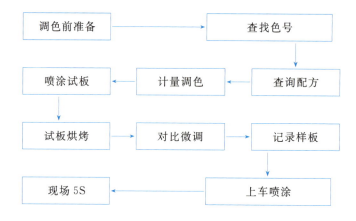

物料准备

物料准备要求见表11-2。

表 11-2 物料准备要求

序号	名称	规格及技术要求	数量	类别
1	喷烤漆房	风速 0.2～0.6 m/s,可满足 4～6 人同时喷涂	1	设备
2	保温柜	保温柜(含整套色母),温度控制范围 5～35 ℃。	1	设备
3	烤箱	三层,烘烤试色板	1	设备
4	比色灯箱	具备多种光源	1	设备
5	电子秤	精度到 0.1 g	4	设备
6	水性涂料喷枪	大流量低压力喷枪(HVLP)1.3 口径	4	工具
7	清漆喷枪	HVLP 1.3 口径	4	工具
8	色卡、色母指南	涂料产品的配套物品	1 套	工具
9	量杯、比例尺	涂料量杯、涂料产品配套比例尺	足量	工具
10	擦拭布	喷漆专用擦拭布	足量	耗材
11	粘尘布	喷漆专用粘尘布	足量	耗材
12	快干清漆	快速干燥的清漆产品	1 套	耗材
13	试色板	15 cm×10 cm 规格铝板	足量	耗材
14	配套油漆及其它辅料	配套涂料、洗枪水(含水性涂料)、过滤漏斗等	足量	耗材
15	工作服	防静电(含帽子)	足量	防护
16	安全鞋	鞋子前部有防刺穿钢板,符合劳保要求	足量	防护
17	耳塞	用于防止噪声侵害	足量	防护
18	护目镜	保护眼睛	足量	防护
19	防毒面具	带活性炭过滤装置	足量	防护
20	防溶剂手套	丁腈手套	足量	防护
21	厚防溶剂手套	厚橡胶手套(加长)	2	防护
22	吹风枪	文丘里吹风枪	4	工具

实训描述

(一)作业前穿戴防护用品

正确穿戴防护用品(图 11-8)。

(1)工作服(含帽子);

(2)安全鞋;

(3)耳塞;

(4)护目镜;

(5)防毒面具;

(6)防溶剂手套。

图 11-8 穿戴防护

(二)准备相关设备、工具、耗材

1. 设备准备

(1)喷烤漆房、保温柜;

(2)烤箱、比色灯箱;

(3)电子秤通电、校准、归零准备。

设备准备

2. 工具、耗材准备

(1)水性涂料、清漆喷枪;

(2)色母挂图、色卡、比例尺、量杯;

(3)涂料及相关辅料;

(4)试色板、过滤漏斗;

(5)文丘里吹风枪。

工具、耗材准备

(三)水性涂料调色施工

【1+X 证书】

能按照职业健康管理的要求正确佩戴安全防护用品。

【岗位小贴士】

常见的水性涂料都放在保温柜内,但是巴斯夫鹦鹉水性涂料色母是油性,还需存放于普通色母架上。

1. 制订水性涂料调色施工流程

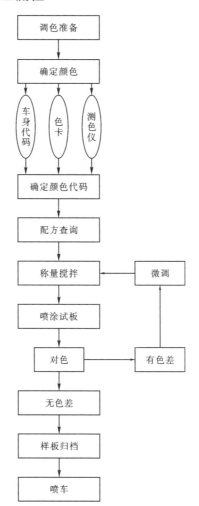

水性涂料调色施工流程

2. 获得颜色代码

和前面调色一样,有三种方法可以获得颜色代码。

(1)在丰田车身发动机舱、B柱等位置查找。

(2)使用涂料公司提供的色卡比对车身颜色(图11-9)。

(3)使用测色仪测量车身表面,从而获取颜色颜色代码。

图11-9 色卡获取颜色代码

3. 查询配方

(1)将查找到的颜色代码，输入涂料供应商提供的配方查询软件，获取到对应的底色漆配方及底漆灰度。

(2)确定用量，打印颜色配方。

配方查询

4. 计量调色

(1)对照打印出的颜色配方，将量杯置于电子秤上，去皮归零。称量时量大的色母先倾倒，每次结束，电子秤归零，再继续称量下一个色母。完成色母称量后，搅拌混合，仔细观察，直到颜色均匀。

(2)根据涂料使用手册，添加适量的稀释剂，彻底搅拌均匀后，过滤至面漆喷枪枪壶内待用。

(3)取用新的试色板，使用 P500 干磨砂纸或灰色菜瓜布彻底打磨其表面至无光泽，清洁除油后待用。

水性涂料试色板灰度选择

5. 喷涂、干燥色板

(1)将装有底色漆的面漆喷枪放入喷烤漆房，试色板背面粘贴到喷涂架上，准备好粘尘布、吹风枪。

(2)按照水性底色漆(遮盖力较好)喷涂方法完成底色漆喷涂，并使用文丘里吹风枪把每一层色漆吹干，吹干后喷涂快干清漆，闪干并放入烤箱烤干。

喷涂、干燥色板

6. 对比车身颜色

(1)烤干冷却后在车身需要喷涂板件临近区域进行比色。

(2)对比颜色一致，则进行下一步。如果颜色有差异，则按微调方法对底色漆微调，直至颜色一致(微调方法与素色漆、银粉漆、珍珠漆调色方法一致)。

水性涂料试色板比色

7. 保留最终试色板

(1)把当前的试色板和以前的试色板进行比较，如果颜色一致或通过过渡可以解决，则把试色板放入样板箱内收集保留。

保留最终试色板

【1+X 证书】

(1)能根据车辆的信息标签识别车身颜色代码。

(2)能正确使用色卡、计算机配方系统查找出最接近的颜色配方。

(3)能正确使用电子秤。

(2)在最终试色板前端写上颜色编号,在试色板的后面加入所有的颜色信息:注明初始配方和调整后配方,每百克添加的色母量(包括配方制作日期)。

(四)现场整理

(1)电子秤、比色灯箱、烤箱等设备整理归位。
(2)喷枪、量杯、比例尺等工具清洗后归位。
(3)漆料盖好盖子放回防爆柜,废弃物分类丢弃,如图11-10所示。
(4)完成现场5S。

图11-10 废弃物分类丢弃

实训总结

(1)查找代码有车身查找、色卡比对、测色仪测量三种方式。
(2)根据代码查询配方,查询时应确认尽可能多的信息,如车型、年份、涂料类型、用量以及底漆灰度值等。
(3)喷涂色板时,水性涂料每完成一遍务必使用吹风枪彻底吹干至哑光状态,最后才能喷涂清漆。
(4)对试色板底漆灰度值应选择跟配方一致。
(5)如果比色后颜色有差异需要微调时,需要参照水性涂料色母指南,查看每一种色母在涂料中所起的作用,包括银粉、控色剂等。
(6)调色成功后保留最终试色板(背面贴上调整后的配方),建立样板资料库并归档,为将来的工作节省宝贵的时间。

【1+X证书】
(1)能在规定的工时内完成色板喷涂任务。
(2)能在规定的工时内完成比色微调任务。
(3)能对色板喷涂后产生的漆料等废弃物进行分类收集和处理,防止污染作业环境。

【劳动佳句】
未来将属于两种人:思想的人和劳动的人。实际上这两种人是一种人,因为思想也是劳动。

——雨果

【实训任务记录】

(一)作业前穿戴防护用品

(二)准备相关设备、工具、耗材

(三)水性涂料调色施工

1.步骤一:制订水性涂料调色施工流程

2.步骤二:获得颜色代码(共2分,每项1分)

(1)你采用了以下哪种方法查找维修车辆的颜色代码。

□车身查找　　□色卡比对　　□测色仪测量

(2)待维修的车辆的颜色代码是_____。

3.步骤三:查询配方(共3分)

记录查询到的底色漆配方:

色母代号	色母名称	质量	备注
合计			

4.步骤四:计量调色(共3分,每空1分)

(1)查阅涂料产品手册,底色漆和稀释剂的配比是_____。

(2)底色漆称量总质量是_____g,添加稀释剂的质量是_____g。

5.步骤五:喷涂、干燥底色板(共2分,每空1分)

(1)底色漆喷涂层数是_____层。

(2)吹风枪气流方向跟色板表面角度是_____。

6. 步骤六:比对车身颜色(共8分,每项2分)

(1)喷涂色板颜色与维修车辆漆面颜色比对结果是

□颜色一致　□轻微色差　□色差非常大

(2)依据颜色三属性,查阅色母指南,确定颜色不同之处_____。

(3)确定添加的色母量_____。

(4)把当前的试板和以前的试色板进行比较,判断颜色是否一致或通过过渡可以解决:

□ 颜色一致　□有差异,但可通过过渡解决

7. 步骤七:保留最终试色板(共2分)

保留的最终色板需要记录的信息有:

□配方明细　□制作日期　□颜色编号　□车辆信息

(四)现场整理

质量监控表

项目	分值	评分细则	扣分细则	得分
调色防护	6分	全程穿戴防护眼镜、耳塞、工作帽、安全鞋和防静电工作服,戴乳胶(薄)手套及佩戴活性炭过滤式面罩;短时间摘除眼镜比对颜色或擦干净眼镜不扣分	如整个操作过程中有一项防护用品佩戴错误或未佩戴,则扣6分	
调色分析	4分	颜色工具识读:色母主色,颜色偏向	错误1项扣2分	
	5分	色板各属性差异判断:正面颜色差异	错误1项扣5分	
	5分	色板各属性差异判断:侧面颜色差异	错误1项扣5分	
	20分	颜色方案理论:判断需添加的色母	错误1项扣20分	
调色结果	60分	色板喷涂未完全盖住底色、色漆发花、清漆漏喷等缺陷	每种缺陷扣15分	
		色板正面有大量起痱子、手印,每种缺陷扣10分;提交色板未完全干燥不扣分,需注意将提交的色板分别放置,防止粘连	每种缺陷扣10分	
合计	100分			

评价反馈

个人自评表

班级		组名		姓名		日期	年 月 日
评价指标	评价内容					分数	分数评定
信息检索	能有效利用网络、图书资源、工作手册查找有用的相关信息等;能用自己的语言有条理地解释、表述所学知识;能将查到的信息有效地运用到工作中					10分	
感知工作	能熟悉工作岗位,认同工作价值;在工作中能获得满足感					10分	
参与态度	积极主动参与工作,吃苦耐劳、崇尚劳动光荣、技能宝贵;与教师、同学之间相互尊重、理解;与教师、同学之间能够保持多向、丰富、适宜的信息交流					10分	
	探究式学习、自主学习不流于形式,能处理好合作学习和独立思考的关系,做到有效学习;能提出有意义的问题或能发表个人见解;能按要求正确操作;能够倾听别人意见、协作共享					10分	
学习方法	学习方法合理,有工作计划;操作技能符合规范要求;能按要求正确操作;获得了进一步学习的能力					10分	
工作过程	遵守管理规程,操作过程符合现场管理要求;善于多角度分析问题,能主动发现、提出有价值的问题					15分	
学习态度	能发现问题、提出问题、分析问题、解决问题、创新问题					10分	
自评反馈	按时保质完成工作任务;较好地掌握了专业知识点;具有较强的信息理解能力和分析能力;具有较为全面严谨的思维能力并能条理清楚地表达成文					25分	
	自评分数					100分	
有益的经验和做法							
总结反馈建议							

小组互评表

班级		被评小组		日期	年　月　日	
评价指标	评价内容			分值	分数	
信息检索	该组能有效利用网络、图书资源、工作手册查找有用的相关信息等			5分		
	该组能用自己的语言有条理地解释、表述所学知识			5分		
	该组能将查到的信息有效地运用传递到工作中			5分		
感知工作	该组熟悉工作岗位,认同工作价值			5分		
	该组成员在工作中能获得满足感			5分		
参与态度	该组与教师、同学之间相互尊重、理解、平等			5分		
	该组与教师、同学之间能够保持多向、丰富、适宜的信息交流			5分		
	该组能处理好合作学习和独立思考的关系,做到有效学习			5分		
	该组能提出有意义的问题,或能发表独到见解;能按要求正确操作;能够倾听他人意见、协作共享			5分		
	该组能积极参与,在实操过程中不断学习,综合运用信息技术的能力得到提高			5分		
学习方法	该组的工作计划、操作技能符合现场管理要求			5分		
	该组获得了进一步发展的能力			5分		
工作过程	该组遵守管理规程,操作过程符合现场管理要求			5分		
	该组成员能完成任务,善于多角度分析问题,能主动发现、提出有价值的问题			20分		
学习态度	该组能发现问题、提出问题、分析问题、解决问题、创新问题			5分		
自评反馈	该组能严肃认真地对待自评,并能独立完成自测试题			10分		
	互评分数			100分		
简要评述						

教师评价表

班级		组名		姓名		
评价内容	评价要点	考查要点	分值	评分标准		分数
任务描述、接受任务	口述内容细节	(1)表述时仪态自然、吐字清晰	2分	表述时仪态不自然或吐字不清扣1分		
		(2)表达思路清晰、层次分明、准确		表达思路模糊或层次不清扣1分		
任务分析、分组情况	依据流程分组分工	(1)分析流程关键点准确	3分	表达思路模糊或层次不清扣1分		
		(2)涉及的理论知识回顾完整，分组分工明确		知识不完整扣1分，分工不明确扣1分		
制订计划	制订实施流程	准确制订操作流程	10分	错误一步扣1分，扣完为止		
计划实施	调色前准备	(1)安全防护用品准备	5分	每漏一项扣1分		
		(2)设备工具准备		每漏一项扣1分		
	光的色散实验	(1)任务实施记录	20分	见实训任务书		
		(2)任务过程监控	40分	见质量监控表		
	现场恢复	(1)设备归位、回收工具耗材	3分	每漏一项扣1分，扣完为止		
		(2)场地5S工作	2分	每违反一项扣1分，扣完为止		
总结	任务总结	(1)依据自评分数	2分	—		
		(2)依据互评分数	3分	—		
		(3)依据个人总结评分报告	10分	依据总结内容是否到位酌情给分		
合　计			100分			

习题 巩固

1.在安置电子秤时哪一项是必须的(　　)。
A.必须由供应商技术员放置　　　　B.必须调节
C.电子秤必须放置水平　　　　　　D.三者都对

2.必须加什么颜色让蓝金属漆变浅?(　　)
A.铝粉　　　B.白色　　　C.蓝色　　　D.稀释剂

3.下列不属于水性漆调色工具的是(　　)。
A.原厂色卡　　　　　　　　B.喷枪
C.水性色母指南　　　　　　D.产品使用手册

4.干燥水性底色漆时,吹风枪与板件应保持(　　)。
A.30°　　　B.45°　　　C.60°　　　D.90°

5.喷涂水性底色漆时,喷枪口径应选择(　　)。
A.1.6 mm　　B.1.8 mm　　C.1.2～1.3 mm　　D.1.4 mm

参考文献

[1] 王卫东. 印刷色彩[M]. 北京:印刷工业出版社,2005.
[2] 程杰铭,等. 色彩学[M]. 北京:科学出版社,2006.
[3] 程玉光,高月敏. 色彩与调色[M]. 北京:高等教育出版社,2006.
[4] 欧盟 Asia-Link 项目"关于课程开发的课程设计"课题组. 职业教育与培训学习领域课程开发手册[M]. 北京:高等教育出版社,2007.
[5] 吴兴敏,马志宝. 汽车涂装技术[M]. 北京:人民邮电出版社,2009.

相关资料

(1) 庞贝捷漆油贸易(上海)有限公司:专业汽车漆颜色培训手册,2008。
(2) 庞贝捷漆油贸易(上海)有限公司:调色培训手册,2008.
(3) 丰田汽车公司:车身修理/车身涂装丰田服务培训手册(第一级、第二级调色方法)。
(4) 庞贝捷漆油贸易(上海)有限公司:环球达壮专业汽车漆产品手册,2007.
(5) 全国"奔腾杯"汽车维修钣金、涂漆技能竞赛培训教材:车身涂装,2007.

附录　世界技能大赛汽车喷漆项目调色模块评分标准

测量分评分表

项目名称　<u>汽车喷漆</u>　　　项目编号　_____　　　竞赛日　_____

<u>色觉工具测试</u>　　　　　　　　　　　　　　　　　　　　　选手号　_____

子配分说明　<u>色觉测试</u>　　　　　　　　　　　　　　　　　子模块号　<u>A1</u>

评分细则编号	最大分值	评分细则描述	规定或标称值	结果或实际值	实际得分
M1	500.00	1个色棋错误位置数（错误色棋放回正确位置需要调整的个数）超过2个，或者2个连续色棋位置均错误，则错误数＝错误位置数×2（每个错误色棋只加倍1次）。每组色棋都是单个色棋单个位置错误、达到3个及以上错误时，错误数＝错误个数×2－2	每个错误数扣50分		
		色盲色弱测试图案，每错误一个符号扣5分（有些图案中有3个符号）	每错误1符号扣50分		
		色卡比对，每错误1项扣5分	每错误1项扣50分		

　　<u>500.00</u>　子模块分值　　　　　　　　　　　　　　　　　实际得分

测量分评分表

项目名称　汽车喷漆　　　　　　　　项目编号　　　　　　　　　竞赛日
　　　　　　配方分析、颜色判断　　　　　　　　　　　　　　　选手号
子配分说明　颜色定性分析　　　　　　　　　　　　　　　　　　子模块号　A2

评分细则编号	最大分值	评分细则描述	规定或标称值	结果或实际值	实际得分
M1	40.00	颜色工具识读:色母主色、颜色偏向	错误1项扣20分		
M2	160.00	色板各属性差异判断:正面颜色差异	错误1项扣40分		
M3	160.00	色板各属性差异判断:侧面颜色差异	错误1项扣40分		
M4	140.00	颜色方案理论:判断需添加的色母	判断错误扣140分		

　　　500.00　子模块分值　　　　　　　　　　　　　　　　　　实际得分

测量分评分表

项目名称　汽车喷漆　　　　　　　　项目编号　　　　　　　　　竞赛日
　　　　　　颜色微调　　　　　　　　　　　　　　　　　　　　选手号
子配分说明　调色过程　　　　　　　　　　　　　　　　　　　　子模块号　C1

评分细则编号	最大分值	评分细则描述	规定或标称值	结果或实际值	实际得分
M1	5.00	全程穿戴防护眼镜、耳塞、工作帽、安全鞋和防静电工作服,戴乳胶(薄)手套及佩戴活性炭过滤式面罩;如整个操作过程中有一项防护用品佩戴错误或未戴,则扣5分,短时间摘除眼镜比对颜色或擦干净眼镜不扣分			
M2	40.00	色板喷涂未完全盖住底色、色漆发花、清漆漏喷等缺陷,每种缺陷扣20分;色板正面有大量起痱子、手印,每种缺陷扣10分。提交色板未完全干燥不扣分,裁判需注意将选手提交色板分别放置,防止粘连			
M3	20.00	色母判断错误扣20分			
M4	20.00				

　　　85.00　子模块分值　　　　　　　　　　　　　　　　　　实际得分

附录　世界技能大赛汽车喷漆项目调色模块评分标准

测量分评分表

项目名称　汽车喷漆　　　　　　　　　　　　　　　竞赛日
　　　　　最终结果　　　　　　　　　　　　　　　　选手号
子配分说明　调色效果　　　　　　　　　　　　　　子模块号　　C2

评分细则编号	最大分值	权重分值	评分细则描述	专家评分(0—3)			实际得分
				1①	2②	3③	
J1	150.00		用目标色板和选手提交色板比色				
		0	颜色色差非常大,已经没有微调的可能				
		1	差距明显,过渡无法解决,看起来要继续微调才可以过渡				
		2	比较接近,有微小差别,边对边无法交车,能够过渡喷涂				
		3	正侧面都很接近,边对边对比无色差				

　　150.00　　　子模块分值　　　　　　　　　　　　　实际得分

①1 指第一位专家。②2 指第二位专家。②3 指第三位专家。